워십댄스, 복음으로 춤을 춰라

예영현대문화신서 16

워십 댄스 - 복음으로 춤을 춰라

초판 1쇄 찍은 날 · 2012년 8월 20일 | 초판 1쇄 펴낸 날 · 2012년 8월 25일

지은이 · 김진연 | 펴낸이 · 김승태

등록번호 · 제2-1349호(1992. 3. 31) | 펴낸 곳 · 예영커뮤니케이션

주소 · (136-825) 서울시 성북구 성북1동 179-56 | 홈페이지 www.jeyoung.com

출판사업부 · T. (02)766-8931 F. (02)766-8934 e-mail: edit1@jeyoung.com

출판유통사업부 · T. (02)766-7912 F. (02)766-8934 e-mail: sales@jeyoung.com

ISBN 978-89-8350-814-0 (04230)
ISBN 978-89-8350-790-7 (세트)

예영현대문화신서 16

워십댄스, 복음으로 춤을 춰라

진정한 예배를 드리고자 하는 워십댄서를 위한 지침서

김진연 지음

예영커뮤니케이션

차례

프롤로그

항상 우리를 그리스도 안에서 이기게 하시고 우리로 말미암아 각처에서 그리스도를 아는 냄새를 나타내시는 하나님께 감사하노라. 우리는 구원 얻는 자들에게나 망하는 자들에게나 하나님 앞에서 그리스도의 향기니 이 사람에게는 사망으로 좇아 사망에 이르는 냄새요 저 사람에게는 생명으로 좇아 생명에 이르는 냄새라 누가 이것을 감당하리요.(고후 2: 14~16)

우리 선교단의 이름은 예향이다. '예수님의 향기' 예향. 이 이름을 17년 전에 위의 15절 말씀을 주시며 주님은 나에게 '누가 이것을 감당하겠느냐?'라는 16절 말씀으로 물음을 던지셨다. 그때 '아버지 제가 감당하고 싶어요!!~'라고 소원하며 마음 깊이 샘솟는 기쁨과 열정으로 사역을 시작했던 일이 생각난다.

매순간 순간 어렵고 힘들어 포기하고 싶어질 때 처음 했던 이 고백을 떠올리며 결코 거짓말이 아니였음을 보여 드리고 싶었다. 결과가 훌륭하든 안 하든 내 마음 깊은 중심은 그 마음임을 주님이 아시길 원했고 아무리 힘들어도 변하기 싫었다.

모든 것이 내 열정인줄 알았다. 아니 내 안에 착한 일을 시작하신 이가 주님임을 고백하면서도 늘 나 자신도 이해 못할 정도로 끊임없이 솟아나는 워쉽댄스에 대한 열정은 분명히 주님이 시키시는 부분과 더불어 나의 열정도 숨어 있다고 생각했었다.

위의 14절 말씀처럼 예향과 내가 걸어왔던 모든 시간을 주님이 항상 이기게 하셨고, 그 모든 현장 가운데 아주 세밀하고 친밀하게 그리고 강하게 주님의 향기를 나타내셨다는 것을 오랜 시간을 지내고 보니 비로소 깨닫게 되었다.

힘들 때 내가 드렸던 고백이 사실임을 입증하려고 했지만 내 노력이 아니라 주님께서 당신의 뜻을 위해 나를 통해 자신을 드러내시고 주장하신 것일뿐이었다. 내 열정이 아니라 오직 주님의 순수한 열정이 여기까지 나를 이끄셨고 예향을 사용하신 것이다.

너무도 당연한 말이지만 늘 삶 속에서 주님의 능력으로만 일할 수 있음을 고백하면서도 오랜 시간들 속에서 '내가, 나도'라는 모습이 있었음을 말씀을 통해 보여 주셨다. 날마다 죽어지길 바라면서도 어느 순간부터 살며시 고개를 들고 있었던 나의 모습을 깨닫게 된 은혜가 너무 감사하면서도 부끄러웠다.

'맞아요 주님! 주님께서 하셨어요. 주님께서 온전하게 이 일들을 이루어 내신 거에요. 아! 정말 감사합니다. 온전한 고백이 되지 않았던 저의 교만함 용서해주세요. 하지만 그 모든 시간 안에서 너무 보잘 것 없이 작지만 주님을 사랑했고 사랑합니다. 주님 아시죠?'

주님이 주님을 나와 예향을 통해 드러내시고 선하신 그 뜻대로 이끌어 사용하신 은혜가 날마다 날마다 새롭고 감사할 따름이다. 그것을 새롭게 더 깊이 깨달은 후, 주님 세워주신 자리에서 춤추며 찬양할 때마다 이렇게 고백하고 있다.

'주님! 감사합니다. 나는 이렇게 주님을 자랑하고 찬양하는 것이 마냥 좋습니다. 주님! 이곳의 상황이나 사람들이 아닌 내 앞에 계신 주님으로 기쁘고 주님께 이렇게 사랑을 고백하며 주님을 또 자랑합니다. 그렇게 하게 나를 사용해 주셔서 정말 감사해요~ 주님!'

잊지 말아야 될 것은 모든 워쉽댄서들이 춤출 때 이 기쁨과 감사가 사라지면 안 된다는 것이다. 이 기쁨과 감사가 사라지면 우리의 춤은 병든 춤으로 주님의 춤이 아닌 내 춤으로 변하고 또 그것은 나의 영혼을 갉아먹기 시작한다는 것을 잊어서는 안 된다.

오늘 아침에 남미에 사시는 어느 집사님이 전화를 하셨다.

"저희 여기서도 워쉽을 통한 은혜 사모하고 있어요. 너무 좋은 작품 영상으로 올려주셔서 감사해요. 너무 은혜로와요."

멀리서 영상으로나마 은혜를 나누고 찬양하고 계시는 분들을 만날 때는 그분들을 통해 감동도 받지만 거리상의 이유로 더 나누고 싶은 은혜를 속 시원히 나누지 못하는 아쉬움이 감사와 함께 밀려온다. 난 이 책이 그런 아쉬움을 많이 채워 주리라 믿고 기대한다. 더 많은 시간을 들여 나눌 수 없는 그런 상황에서 성령의 기름부으심으로 이 책이 더욱 더 귀하게 쓰일 수 있기를 간절히 기도한다.

이 책을 읽는 모든 분들이 첫째로 주님의 모습을 닮아가는 제자로서 더 온전하게 주 앞에서 어떻게 춤출 수 있을 것인지, 둘째로 어떻게 하면 좋은 워십 리더가 될 수 있을 것인지, 셋째로 춤을 들고 어떻게 주의 명령에 따라 열방을 향해 나아가야 할 것인지 고민할 수 있길 바란다. 그리고 이 모든 것을 통해 주님을 더 사랑하는 사람으로 행동하며 성장할 수 있기를 바란다. 그것이 이 책을 쓴 목적이다.

17년을 기쁘나 슬프나 동고동락해 준 예향의 모든 멤버들 소영, 은경, 미연, 준희, 남희, 재림, 희은이, 멀리서도 아직도 마음을 함께 하는 은정, 하림, 보연 등 늘 맘속에 품고 사랑하는 이들이다. 그들은 나와 함께 예향을 만들어 왔던 소중한 동역자들이다. 그리고 묵묵히 외조를 아끼지 않았던 남편과 어릴 때부터 지금까지 열렬한 응원을 아끼지 않는 하나님 딸 하영이와 예영이, 물심양면의 후원을 아끼지 않았던 양가의 모든 식구들, 늘 따뜻한 사랑과 격려를 아끼지 않으시는 오관섭 목사님, 정주용 목사님과 최종환 목사님, 전종찬 목사님, 박창식 목사님, 장미미 목사님, 사랑하는 아카데미 식구들, 마지막으로 귀한 권면으로 이 책을 쓸 수 있도록 해

주신 예영커뮤니케이션 김승태 사장님께 마음 깊히 사랑과 감사의
마음을 전한다. (여러분들이 아니었으면 나 혼자 결코 이 책을 쓸
수 없었고, 그 긴 시간을 여기까지 올 수 없었습니다.)

　　내 영혼의 그윽히 깊은 데서 맑은 가락이 울려나네
　　하늘곡조가 언제나 흘러나와 내 영혼을 고이싸네

　　찬양하며 우리는 전진하리
　　모든 열방 주 볼 때까지!~~

　　이 두 찬양의 가사가 내 삶의, 춤의 끊이지 않는 고백이 되기를
　　내 영 깊히 주님께 간절히 기도합니다. 모든 영광 주님께만 돌
립니다. 할렐루야!!~

2012. 8. 20.

예향문화선교센터에서 김진연

제1장 워십선교사로 부르심

주님께서는 은혜로 나를 덮어 주셨고
눈물로 온몸으로 간절히 몸짓을 다해 찬양하는 내 모습을
기쁘게 받아 주시고 계심을 온몸으로 느끼게 해 주셨다.
그러던 중 어느 순간엔가
청년들은 무릎 꿇어 나의 율동을 따라 하기 시작했고
그 한 곡의 찬양은
우리 모두를 깊은 경배의 몸짓과 함께
주님을 뜨겁게 구하고 또 만나게 해 주었다.

1. 은사를 받음

                                1988년 대학교 2학년 교회 청년회 수련회 때였던 것 같다. 마지막 저녁 집회를 앞두고 나는 커다란 주님의 은혜를 갈구하며 찬양팀으로 섬기며 열정적으로 기도했던 기억이 난다. 집회가 시작되기 전부터 벌써 벌겋게 상기된 얼굴로 모두들 잔뜩 긴장은 하였지만 기대감을 가지고 드디어 찬양이 시작되었다. 그날 나는 찬양팀 싱어로, 그리고 율동을 준비해 앞에 함께 서서 찬양을 했다. 그때는 아직 워십댄스라는 말들이 사용되지 않은 시기였다.

지금 돌이켜 보니 그때 찬양팀 모두 벌써 은혜가 충만했었던 것 같다. 뜨겁게 눈물로 기쁨으로 찬양과 율동을 하다가 "고개 들어 주를 맞이해"라는 찬양을 부르며 깊은 경배 시간에 들어가기 시작했다. 그날 내가 기억하는 것은 내 눈 앞에 계셨던 주님께만 경배했던 일이다. 내 앞에 앉아 있는 많은 청년들은 보이지 않았던 것 같다.

오로지 마음과 정성을 다해 시선과 손끝에, 그리고 엎드림에 주님께 모든 것을 담아 보내려고 간절히 애쓰고 고백했던 시간들이었다. 오랜 시간 동안 "고개 들어 주를 맞이해"라는 한 곡의 찬양을 우리는 계속해서 주님께 드렸고 나는 계속해서 열 번이고 스무 번이고 작은 율동을 주님께 드리기 위해 마음을 다했다.

주님께서는 은혜로 나를 덮어 주셨고 눈물로 온몸으로 간절히 몸짓을 다해 찬양하는 내 모습을 기쁘게 받아 주시고 계심을 온몸으로 느끼게 해 주셨다. 그러던 중 어느 순간엔가 청년들은 무릎 꿇어 나의 율동을 따라 하기 시작했고 그 한 곡의 찬양은 우리 모두를 깊은 경배의 몸짓과 함께 주님을 뜨겁게 구하고 또 만나게 해 주었다. 그러면서 자연스럽게 여기저기서 뜨거운 눈물의 통성기도로 이어졌고 회개와 방언이 터져 나오기 시작했다.

그날 이후 청년회의 한참 위 선배들은 나를 이름보다는 참 은혜롭게 율동했던 어린 후배로 기억해 주었다. 나는 그날 그 찬양하던 때를 아직도 생생하게 기억한다. 바로 어제 일처럼 내 안에서 마음을 다하는 워십을 이야기하고 찾을 때는 항상 그 기억을 떠올리곤 한다.

나에게 위로부터 내리는 주님의 아름다운 은사를 받은 체험이 혹 언제냐고 누가 묻는다면 아마도 나는 그날이라고 대답할 것이다. 그때 이후 나는 더 열심히 찬양하고 율동을 만들어 예배 때 드렸다. 그전부터 아동 율동을 강습회에서 배우는 것보다 만들어 찬양하는 것을 더 쉽고 재미있어 했던 나는 강력한 모터를 달은 듯, 은혜가 되는 찬양마다 동작을 만들고 몇몇의 청년들과 연습하는 것을 좋아했다. 그래서였는지 그때 청년회 담당 교역자이시고 대외적으로 활발한 아동부 부흥강사이셨던 목사님께서 나를 세미나의 율동강사로 여러 곳에 데리고 다니시기도 하셨다.

88올림픽을 겨냥해 청년회에서 우리나라에 찾아오는 외국인들을 대상으로 노방전도를 참 많이 나갔었는데 복음을 효과적으로 쉽게 전할 수 있는 방법이 뭐가 있을까 찾다가 주찬양선교단의 "우리의 어두운 눈이"라는 곡을 가지고 워십드라마로 만들어 전도했던 기억이 난다. 어떻게든 온몸과 맘으로 복음을 전하려고 혼신의 힘을 다했던 그 시간들을 나는 참 행복해 했던 것 같다.

침상에서 기도할 때 찬양을 듣다가 은혜가 넘치면 곧바로 일종의 '춤기도'를 추며 기도를 했다. 그렇게 주님 사랑한다고 표현을 하는 것이 기뻤다. 그렇게 기도 가운데 깊이 경배했다. 그 시간에 나는 주님과 사랑을 나누었다. 그런 기도를 하고 난 다음 날은 그 곡의 안무를 주님은 허락하셨고 그렇게 4~5명, 많을 때는 50~60명의 청년들과 함께 주님께 여러 가지 형태로 워십댄스(worship dance)를 올려 드렸다.

턴(turn)이 뭔지도 모르면서 턴을 돌고 각각의 포지션을 만들고 전체 그림을 머릿속에서 상상의 나래를 펼치며 다양하고 짜임새 있게 찬양 가사의 내용이 가장 잘 표현될 수 있는 여러 가지로 나타내 보이려고 노력했다. 어릴 때부터 음악, 무용을 유난히 좋아했던 기질을 발휘하여 어떤 때는 어떤 식으로든 머릿속에 막연히 남아 있던 무용의 잔상들까지 떠올려 비슷하게 모방도 해 보고 이렇게 저렇게 적용을 하기도 했었다.

TV에 무용하는 장면이 나오면 다른 채널을 틀지 못하게 했을 정도로 무용을 좋아했지만 나는 이상하게도 무용보다 음악을 먼저 배웠다. 고등학교 내내는 합창반에 푹 빠져 살았고, 대학교 진학해서는 15년 이상 성가대 지휘를 했었다. 주님께서는 내 안에 먼저 배우고 익혔던 모든 재능들을 창작에 사용하게 하셨다. 그것은 이백여 곡이 훨씬 넘는 많은 작품을 안무할 수 있는 자원들이 되었다.

중학교 1학년 때 시험공부에 집중이 되지 않아 새벽에 머리 식힌다고 친구랑 나와서 비가 부슬부슬 내리던 길을 걷다가 가로등만 비추던 어둑한 골목길을 우산을 들고 멋진 발레리나가 된 상상을 하며 열심히 여기저기 춤추며 뛰어 다녔던 일이 생각난다. 그런 나에게 하나님은 워십댄스라는 장르를 통해 주님을 경험하고 또 다르게 찬양하는 방법을 알게 하셨다.

그렇게 몇 년간 뜨겁게 계속되었던 청년찬양집회와 다양한 행사에서 나는 열심히 워십댄스를 만들어 찬양을 드렸다. 지금도 은혜받은 찬양에 워십댄스의 마음을 넘치도록 부어 주실 때는 잠을 잘 수가 없을 정도로 설레게 하신다. 머릿속에 펼쳐지는 그 무언가의 영감을 잡고자 부단히 애를 쓰다 보면 새벽이 밝아 올 때가 많다. 중간 중간 주님과 대화하면서 그렇게 안무를 한다. 그리고 내 안의 잠자고 있던 것까지 흔들어 깨워 하나하나 다 사용하시는 주님을 느낄 때는 내가 하는 것이 아니라 주님이 내 안에서 일하고 계심을 고백하지 않을 수 없게 하신다.

"이 복음을 위하여 그의 능력이 역사하시는 대로 내게 주신 하나님의 은혜의 선물을 따라 내가 일꾼이 되었노라." (엡 3:7)

2. 은사의 재발견과 선교단의 창단

뜨겁게 찬양하며 지냈던 청년 시절을 짧게 보내고 일찍 결혼을 하게 된 나에게 가정은 오히려 나와 워십댄스를 멀어지게 만들었다. 아니, 나 자신이 보통 사람들처럼 청년 때의 모습으로 하던 사역과는 자연스럽게 이별이 되는 것이라고 생각했던 것 같다.

그렇게 나를 스스로 가두어 놓았다가 어느 날 성경에 나오는 달란트의 비유 말씀은 읽게 되었다. 그 말씀을 깊이 묵상하면서 편하게 안주하며 포기하고 있던 내 영혼을 발견했고 그 순간 두려울 정도로 커다란 부르심과 소명이 나를 일깨워주셨다.

"다섯 달란트 받았던 자는 다섯 달란트를 더 가지고 와서 이르되 주인이여 내게 다섯 달란트를 주셨는데 보소서 내가 또 다섯 달란트를 남겼나이다. 그 주인이 이르되 잘하였도다 착하고 충성된 종아 네가 적은 일에 충성하였으매 내가 많은 것을 네게 맡기리니 네 주인의 즐거움에 참여할지어다 하고 … 한 달란트 받았던 자는 와서 이르되 주인이여 당신은 굳은 사람이라 심지 않은 데서 거두고 헤치지 않은 데서 모으는 줄을 내가 알았으므로 두려워하여 나가서 당신의 달란트를 땅에 감추어 두었었나이다. 보소서 당신의 것을 가지셨나이다. 그 주인이 대답하여 이르되 악하고 게으른 종아 나는 심지 않은 데서 거두고 헤치지 않은 데서 모으는 줄로 네가 알았느냐 … 그에게서 그 한 달란트를 빼앗아 열 달란트 가진 자에게 주라 무릇 있는 자는 받아 풍족하게 되고 없는 자는 그 있는 것까지 빼앗기리라."(마 25:20~29)

　내가 누리고 있는 모든 것이 내 것이 아니라 주님께서 내게 맡기신 것들임을 다시 깨닫고 충성된 종이라는 칭찬을 듣고 싶은 마음이 간절했다. 그래서 내가 처해 있던 자리를 박차고 워십댄스를 다시 시작하게 되었다. 둘째 아이를 임신하고 있던 나는 조산의 위험에도 불구하고 워십댄스를 안무해 청년들을 가르치고 세우는 열정도 아끼지 않았었다.

　그때 내가 원했던 것은 내게 주신 달란트를 가지고 열 달란트가 아니라 그 이상을 잘 남겨서 예수님께 칭찬받는 것, 오로지 그 한 가지였다. 그러던 중에 찬양집회에서 내가 안무하고 가르쳐 주었던 워십댄스로 찬양했던 청년들이 은혜를 받았다며 앞으로 계속 모여 찬양하기를 요청했다. 나도 너무나 은혜가 되어 그러자고 했다.

같은 날 동시에 들었던 하나 된 마음이었다. 그것이 성령이 우리에게 주시는 마음이라 여기고 지속적으로 모여 워십댄스를 하기 시작했다.

"우리는 구원 받는 자들에게나 망하는 자들에게나 하나님 앞에서 그리스도의 향기니 이 사람에게는 사망으로부터 사망에 이르는 냄새요 저 사람에게는 생명으로부터 생명에 이르는 냄새라 누가 이 일을 감당하리요."(고후 2:15~16)

그렇게 해서 예향선교단을 창단하게 되었다. 그리고 세계 열방 가운데 온전한 그리스도의 향기로 춤을 출 수 있도록 우리는 모일 때마다 기도했다.

1996년 창단 후 첫 사역 교회에서

3. 나는 워십선교사

                            모태 신앙으로서 나의 신앙의 롤 모델인 어머니는 어릴 때부터 커다란 선교 집회에 나를 데리고 다니시면서 선교에 대한 비전을 이야기하셨고, 하나님 나라의 일꾼으로 나를 키우시기를 원하셨다. 그런 어머니 밑에서 자란 나는 자연스럽게 선교는 내가 해야 할 당연한 소명으로 받아들이고 있었다. 그러던 중에 더 인격적으로 주님과 복음을 만난 후, 나는 주님을 가장 많이 사랑하는 방법은 전도요, 선교라는 생각에 열방을 위해 기도하고 선교사의 꿈을 키우며 구체적으로 준비하기 시작했다.

    앞에서 말했듯이 그 당시 나는 워십댄스를 하고 있으면서도 선교는 별개의 다른 일이라고 생각했었다. 일반적으로 선교사라 함은 현지에 파송되어 순교의 정신으로 그 나라 문화를 수용하며 선교지 사람들과 함께 살면서 복음을 전하는 사도라고 생각했었기 때문이다. 그래서 나는 대학교를 졸업하고 신학교에 들어갔다. 선교사의 길을 준비하기 위해서였다.

"그로 말미암아 우리가 은혜와 사도의 직분을 받아 그의 이름을 위하여 모든 이방인 중에서 믿어 순종하게 하나니 너희도 그들 중에서 예수 그리스도의 것으로 부르심을 받은 자니라."(롬 1:5)

그러던 나에게 워십선교단의 창단은 새로운 선교의 꿈을 갖게 했다. (일반 선교사가 아닌 전문인 선교사로 새로운 선교 방법을 제시하기에 충분하다고 지금도 그렇게 생각한다.)

모교의 청년들로 구성된 선교단이었음에도 불구하고 선교단 창단 예배 후 주님은 모교가 아닌 타교회로 첫 사역을 나가게 하셨다. 그렇게 자그마한 모임이었지만 초교파 선교 단체로서 독자적으로 움직이며 사역을 해 오던 중에 인도네시아 선교를 통해 앞으로 워십선교사로 선교를 할 것을 말씀하셨다. 인도네시아 선교는 선교단이 자체적으로 준비한 단기선교여서 나름대로 많은 기도와 또 단원들의 결단력 있는 헌신과 큰 기대로 그 땅을 밟았었다. 첫 날 긴 여정 가운데 시작된 집회를 나뿐만 아니라 우리 단원 모두가 잊을 수 없을 것이다.

작은 섬의 작은 마을 작은 집에서의 정말 초라하기까지 한 그 날의 사역은 아직도 잊을 수 없는 워십선교사로서의 체험과 비전을 갖게 하기에 충분했다. 그 마을에서는 그래도 가장 큰 집이라고 하는 곳의 마루, 희미한 불빛, 음악을 틀어야 하는데 전기 공급이 원활하지 않아 자동차 배터리를 가져와 겨우 음악을 나오게 했던 정말 땀나는 기억들, 하지만 그 집에 그 많은 사람들이 어떻게 들어올 수 있었을까 하고 이해가 안 갈 정도로 정말 마을의 모든 사람들이 빼곡히 들어와 앉았다. 자리가 당연히 부족하니 모든 창문마다 사람들로 가득 메워졌다. 그들은 신기한 눈으로 이런 곳까지 들어와 무엇을 이야기하려고 하는 것인지 궁금한 눈빛으로 우리를 열심히 쳐다보고 있었다.

그날 그 집에는 기독교는 물론 이슬람교, 불교, 무교 등 다양한 종교를 가진 사람들이 마을 잔치처럼 모여 있었다. 춤을 추기에는 좁은 공간에서 우리는 뜨겁게 찬양을 했다.

그리고 워십드라마를 통해 예수 그리스도를 전하고 또 미리 준비한 인도네시아 찬양을 율동으로 함께 찬양을 했다. 드라마를 하는 내내 여기저기서 훌쩍이는 소리와 함께 내 얼굴이 뚫어질 것만 같이 집중해서 바라보는 그들의 눈빛은 구원을 소망하는 천하보다 귀하다 하신 한 영혼 한 영혼들로 우리의 가슴으로 들어왔다. 그러면서 그들과 언어는 다르지만 몸짓으로 언어로 어떤 이야기든지 그들과 소통이 되는 강력한 느낌을 우린 우리의 영뿐만 아니라 피부로까지 느끼기 시작했다.

나중에 영상으로 다시 본 그들의 모습은 감화 감동 받은 뜨거운 은혜의 모습들이었다. 그 장면을 보면서 우리 또한 얼마나 뜨거운 눈물을 흘렸는지 모른다. 성령의 하나 되게 하심, 한없는 은혜는 그 어떠한 장벽도 불가능함도 문제가 되지 않겠지만 서로 다른 민족이 같은 언어로 같은 이야기를 주고받고 하는 동질감을 내 몸으로 느낀다는 것은 신기하고 재미있고 놀라운 경험이었다.

또 그 시간 모였던 많은 자들은 각각의 종교를 가지고 있었는데도 "예수님 피 흘려 죽으셨네", "예수님 찬양"이라는 가사를 몸으로 함께 표현하며 찬양할 때 기쁘게 함께 따라했다. 만약 자신이 동작으로 표현하는 것이 바로 주님이고 그것이 바로 찬양하는 것이라는 것을 알았다면 과연 그들이 따라 했었을까. 아마도 피했을 것이다.

나는 그것이 춤이었기에 가능했다고 생각했다. 자신도 모르게 따라 하면서 그들은 그들의 영혼의 주인이 하나님이고 구원이 주님께 있음을 스스럼없이 고백하고 있었다. 나는 그들이 그 시간에 알고 하던 모르고 하던 성령께서 부지중에 그들의 영혼을 흔들어 깨우시는 놀라운 일들을 하셨을 것이고 주님의 때에 알맞게 열매를 주님이 거두실 것을 믿었다.

인도네시아 선교는 '춤이 아무 부담 없이 언어와 문화의 장벽을 넘어 쉽게 외국인들에게 다가갈 수 있는 너무 귀한 도구' 임을 나와 선교단 단원들에게 깨닫게 해 주었던 정말 귀한 은혜의 시간들이었다. 우리는 그 이후로도 계속 열방으로 춤을 들고 선교 나가기를 소원하고 기뻐했던 것 같다. 가는 곳마다 영혼을 끌어안았고, 예수님을 전하고 또 그들과 함께 춤을 추며 찬양했다. 우리 선교 단원 중에는 예향선교단으로 경력이 오래된 친구들이 많다. 그 이유는 개인

적인 사명을 떠나서도 선교하는 그 기쁨을 맛보아 알았기 때문이 아닌가 싶다.

'아~! 내게 주님께서 이것으로 선교하라고 그러시는구나. 내가 제일 잘할 수 있는 것으로 선교하길 원하셨고 그것을 계획하셨던 거야. 그러면 이것으로 한 나라뿐이 아니라 세계 모든 나라에 선교할 수 있겠구나.'

이런 놀라운 계획을 창세전부터 계획하시고 나에게 차근차근 일해 오신 주님을 찬양할 수밖에 없었다. 나에게 이런 특별한 일을 허락하시다니….

나는 지금도 세계 곳곳에서 춤추며 주님을 찬양하는 꿈을 꾼다. 다른 언어, 다른 종족, 생김새가 다른 사람들과 손잡고 기쁘게 춤을 춘다. 하늘을 향해 손을 벌리고 이 땅의 주인이시자 모든 영혼들의 창조자이신 주님을 춤추며 찬양하는 꿈 말이다. 그래서 나는 워십선교사이다.

"우리 각 사람에게 그리스도의 선물의 분량대로 은혜를 주셨나니, … 그가 어떤 사람은 사도로, 어떤 사람은 선지자로, 어떤 사람은 복음 전하는 자로, 어떤 사람은 목사와 교사로 삼으셨으니 이는 성도를 온전하게 하여 봉사의 일을 하게 하며 그리스도의 몸을 세우려 하심이라."(엡 4:7~12)

제2장 신실한 워십댄서가 되려면

춤보다 더 중요한 이 예배에 대한 개념이 바로 세워지고
그 바탕 위에 춤이 도구가 되어
또 다른 모양의 예배를 그 위에 또 쌓는 것이다.
그랬을 때 우리가 추는 춤들이
영적으로 능력 있는 춤이 될 수 있으리라 믿는다.
선교단에 지원하는 사람에게 내가 해 주는 말이 있다.
"춤은 버리세요."

1. 예배자로서 자세를 갖추고 있는가?

오래전 일이다. 어느 날 청년회 담당 교역자님께서 전화를 하셨다.

"선생님! 가희(가명)가 최근 몇 주째 예배 시간에 매번 많이 늦네요. 선교단 활동한다면서 예배 시간도 제대로 못 지켜서야 되겠습니까? 좀 주의를 주셔야 될 것 같습니다."

너무 기본적인 이야기라 할 필요가 없는지도 모른다. 하지만 선교단을 오랫동안 이끌다 보니 다양한 사람들을 만나게 된다. 특히 선교단의 단원이 되고 싶다고 찾아오는 이들 중에서 이야기하자면 말이다. 선교 단원이 되고 안 되고를 떠나서 워십댄서라면 '댄서'이기 전에 예배자(worshiper)이다. 예배는 살아 계신 주님의 위엄과 권능과 영광과 존귀를 찬양하는 일, 그 앞에 깊게 온 맘과 정성을 다해 경배하는 거룩한 행위이다. 그 일을 통해 주님과 깊이 교제하며 그분을 알아가며 그분의 뜻을 따라 살기로 결단하고 다시 새로

워지는 그 시간이 바로 예배 시간이다.

온 우주 만물의 창조주이시고 또 나에게 역사하시는 그 주님을 온전히 자랑하는 일이 바로 워십(worship)이다. 그래서 워십댄스는 일반 춤하고는 다르다. 춤이기 전에 예배 행위이기 때문이다. 이것을 생각하지 못하고 춤만을 생각하고 간혹 선교단의 문을 두드리는 경우가 있다. 선교단의 오디션을 보고 상담할 때 가장 먼저 묻는 질문은 섬기는 교회에서의 예배를 드리는 관점과 사고이다. 어떻게 예배를 드리고 있는지 또 어떤 봉사와 섬김을 하고 있는지 이야기를 들어본다. 예배에 대해 어느 정도의 훈련을 받았고, 어떤 신앙관을 가지고 있는지, 그 사람의 신앙 됨됨이를 보는 것이다.

단순한 춤꾼이 아니기에 기본 예배에 임하는 태도나 진지함, 성실함은 너무 중요한 일이다. 춤보다 더 중요한 이 예배에 대한 개념이 바로 세워지고 그 바탕 위에 춤이 도구가 되어 또 다른 모양의 예배를 그 위에 또 쌓는 것이다. 그랬을 때 우리가 추는 춤들이 영적으로 능력 있는 춤이 될 수 있으리라 믿는다. 선교단에 지원하는 사람에게 내가 해 주는 말이 있다.

"춤은 버리세요."

또 중요한 것은 '예배에 대한 지식과 훈련이 잘되어 있고 또 잘되어 가기를 갈망하는가'이다. 워십댄서는 예배자의 모범을 춤을 통해 보여 줌으로써 사람들에게 예배 전도자의 역할을 감당해야 하는 사람들이다.

그렇다면 성경을 통한 정확한 예배 지식과 훈련이 잘된 워십댄서가 드리는 워십댄스는 더 풍성한 워십댄스가 될 것이고, 또 그 모습을 통해 사람들은 예배를 간접 경험할 수 있다.

소경이 소경을 인도할 수 없듯이 우리가 먼저 잘 알고 실천할 때 제대로 전도할 수 있으리라. 예배에 관한 서적이나, 소모임 성경 공부를 통해 특별한 예배 훈련 프로그램에 참여하는 등 지속적인 영성 훈련이 이루어져 더 성숙된 예배자로 계속 성장하고자 하는 노력은 너무 중요한 일이다. 언제든 어디서든 예배의 자리를 기뻐하고 영으로 예배를 드릴 수 있기를 갈망하는 모습은 워십댄서로서 특히 매우 중요하고 지극히 당연히 있어야 할 모습이다.

하나님은 나를 일꾼으로만 부르신 것이 아니다. 하나님과 사랑하는 이로 부르셨다. 나는 한때 맡겨 주신 일을 잘하면 주님이 제일로 기뻐하실 것이라고 생각했던 적이 있었다. 그래서 사역을 위한 크고 작은 일에 혼신의 힘을 다하였다. 지금도 그 일이 후회되지는 않는다. 하지만 조금 더 영적으로 키가 자라며 깨닫게 되었다. 주님이 내게 지금 바로 원하시는 것은 일(사역)이 아니라 먼저 주님과 깊이 교제하는 일, 주님과 사귀는 일이다. 그 시간을 주님이 원하시고 기뻐하신다. 주님과의 깊은 사귐을 통해서 그분의 뜻과 마음을 알 수 있고 그분을 더 사랑하게 됨으로써 주님의 일을 하게 될 때 나의 힘이 아닌 주님의 힘으로 일할 수 있게 된다. 우리가 혹 사역을 예배할 수 있는 위험에서 벗어나 온전히 주님만 예배할 수 있게 되는 것은 이 사실을 바로 알고 실천할 때 일 것이다.

개인 예배, 회중 예배, 삶의 예배가 온전히 이루어질 때 온전한 예배가 된다. 진정한 워십댄서는 온전한 예배자이다.

"나는 인애를 원하고 제사를 원하지 아니하며 번제보다 하나님을 아는 것을 원하노라." (호 6:6)

십자가

2. 사랑할 줄 아는 자인가?

보통 사역을 나가서 찬양하던 중에 중간에 멘트를 하게 되는데 그때 가끔씩 이런 이야기를 할 때가 있다.

"저희가 여기 이 자리에 여러분과 마주 대할 수 있는 가장 큰 이유는 주님을 사랑하기 때문입니다. 주님을 사랑해서 춤을 추고 그 사랑하는 주님이 이곳에서도 주님을 노래하길 원하셨기 때문입니다."

주님을 사랑하니까 춤을 추고 주님을 사랑하니까 영혼들을 사랑한다. 찬양은 마땅히 모든 만물들이 주님께 드려야 할 행위이다. 찬양은 명령이다.

"하나님께 노래하며 그의 이름을 찬양하라. 하늘을 타고 광야에 행하시던 이를 위하여 대로를 수축하라. 그의 이름은 여호와이시

니 그의 앞에서 뛰놀지어다." (시 68:4)

찬양은 명령이지만 그 안에 찬양을 드리는 자의 감정이 같이 수반된다. 주님께 끓어오르는 감격을 가지고 우리의 사랑을 주께 고백하며 온 세상 앞에서 주님을 자랑하는 것이 찬양이다.

워십댄스는 주님께 대한 사랑을 가지고 출발한다. 우리의 온몸과 맘이 주님께 향해 있고 주님의 사랑에 매료되었기 때문에 자연스럽게 나오는 반응이다. 워십댄서는 그렇게 춤을 시작하고 끝을 맺는다. 그리고 그렇게 춤을 추는 우리를 보고 주님께서 아가서 4장 9절에 이렇게 말씀하신다.

"내 신부야 네가 내 마음을 빼앗았구나."

우리에게 반해 버린 하나님. 연애를 해 본 사람들이라면 누구나 이해할 수 있을 것이다. 바로 이것이 사랑하는 이들의 모습이다. 사랑하는 사람을 위해서라면 무엇이든 해 주고 싶은 마음이 드는 것은 아마 당연할 일일 것이다. 골방에서 주님과 춤으로 사랑을 이야기할 때도 있지만 또 많은 영혼들을 대면하여 그 사랑을 이야기하기를 주님이 원하신다. 주님이 원하시니까 그 자리가 어디든 달려가서 주님이 사랑하시는 영혼들과 함께 주님의 사랑을 춤으로 이야기할 수 있다.

진정한 워십댄서는 이 마음을 품고 춤을 출 수 있어야 한다. 그래서 워십댄스는 아무리 세상의 훌륭한 무용수라도 함부로 와서 할 수 있는 것이 아니다. 춤은 출 수 있겠지만 워십댄스는 할 수 없다.

그 무용수가 주님을 만났거나 주님을 사랑하는 사람이 아니라면 말이다. 진정 주님을 만나지 못했다면 그 사람이 추는 워십댄스는 아무런 영향력을 끼치지 못할 것이다.

오직 주의 사랑에 매어 내 영 기뻐 노래합니다.
오직 주의 임재 안에 갇혀 내 영 기뻐 찬양합니다.

나의 기도 제목 중 지금도 앞으로도 워십댄스를 위한 기도가 있다면 앞의 찬양가사처럼 오직 주의 사랑에 매어, 주의 임재 안에 갇혀 춤으로 주님을 노래하는 것이다.

사역을 하다 보면 사역에 관계된 많은 분들을 만나 이야기를 나누게 된다. 그중에 선교단의 사역을 인터넷으로 오랫동안 지켜봐 오신 분과 이야기를 나눌 기회가 있었다.

"제가 전부터 워십 영상을 보면서 단장님을 제외한 나머지 단원들 중에 눈에 참 많이 띄는 분이 한 분 계셨습니다. 얼마나 은혜가 되던지 그분을 보면 은혜가 넘치는 것을 느낄 수가 있었어요. 그 자매님이 누군지 궁금하더군요."

그 자매는 무용을 전공하지는 않았지만 오랫동안 워십댄스 사역에 헌신해 오며 하나님께서 부어 주시는 은혜가 참 많은 친구라고 생각되는 자매였다. 워십댄스는 무용을 전공하거나 경력이 화려한 사람들이라고 잘할 수 있는 것이 아니다. 무용을 전공하지 않아 동작이 전공자들만큼은 못하더라도 전공자들보다 은혜가 넘쳐 보이는 경우가 있다. 위로부터 내려온 은사를 가진 사람들이 더 돋보이고 아름답게 보인다. 세상에서는 이해할 수 없는 법칙이다. 그래서 나는 워십댄스는 춤에 있어서 보통 우리가 이야기하는 여러 가지의 무용 장르를 넘어서는 새로운 영역의 춤의 세계라고 생각한다. 세상의 춤이 그 속에 들어가 함께 있는 것 같지만 철저히 구분된다. 춤의 모든 장르를 아우르고 그 한계를 넘어서 새로운 춤의 세계로 이끌 수 있는 춤이 워십댄스다. 워십댄스가 그 힘을 가질 수 있는 것은 주님을 사랑하는 춤이기 때문이다. 워십댄스가 힘이 있는 것이 아니라 구원의 주, 만왕의 왕을 감격을 가지고 춤을 추며 찬양 드리는 가운데 함께하시는 주님의 힘이 있기 때문이다.

워십 아카데미를 하다 보면 동작을 설명하면서 시선처리를 말하게 된다. 모든 춤에서도 그렇지만 시선 처리는 춤의 마침표를 찍는 아주 중요한 동작이다. 그런데 시선을 앞의 관객을 향해서 정확히 던져야 하는 부분을 설명할 때 어떤 분은 동작을 하면서 시선을 요구한 대로 앞으로 주지 못하고 슬쩍 피해 가는 경우가 있다. 가령 "나의 안에 거하라"라는 찬양에서 '내가 너를 지명하여 불렀나니'라는 구절의 동작을 할 경우, 안무가 양손을 아래에서 위로 가져오면서 시선을 앞 사람들을 향하여 두는 부분을 하다 보면 어떤 분들은 계면쩍은 얼굴 표정과 함께 시선을 위나 아래로 은근슬쩍 피하시는 사람들이 있다. 가사의 메시지 그대로 하나님이 우리에게 직접 말씀하시는 것을 워십댄서는 대언자의 입장에서 선포해야 하는 부분이

다. 분명하게 앞에 있는 영혼들을 향하여 선포하고 하나님 아버지의 마음으로 그들을 품고 동작으로 이야기해야 하는 부분인데 중요한 그 부분이 아쉽게 대충 넘어가는 경우가 생기면 꼭 짚고 넘어간다. 아직 몸과 마음과 영으로 춤을 추는 것이 미숙하기 때문에 그럴 수 있겠지만, 그 동작을 잘할 수 있는 비결은 바로 주님이 사랑하는 한 영혼 한 영혼을 마음에 깊이 품으시는 모습을 상상해 보라고 말씀드린다. 주님을 사랑하기 때문에 춤을 출 수 있고 주님이 나 아닌 다른 영혼들도 사랑하시기 때문에 그 영혼들을 나도 사랑하여 그 앞에서 춤을 춘다. 그 사랑의 마음이 무엇보다 워십댄서에게 중요하다는 것을 알고 진심으로 이야기해 주고 싶다면 시선을 마주칠 용기가 생길 것이라고 말해 준다. 경험으로 쌓인 무대 매너로, 안무가 원래 그렇게 되니까가 아닌 주님의 사랑으로 시선 맞추기를 할 수 있는 것은 진정한 워십댄서에게 중요한 부분 중에 하나일 것이다. 주님께 시선을 맞추고 다른 영혼들을 향해 시선을 맞추는 연습을 해 보자.

"너는 마음을 다하고 뜻을 다하고 힘을 다하여 네 하나님 여호와를 사랑하라." (신 6:5)

3. 마음을 이야기할 줄 아는가?

어느 방송국에서 연말 연기대상을 받은 남자 배우를 인터뷰하는 것을 본 적이 있다. 어떻게 그렇게 연기를 잘할 수 있는지 그 비결을 물어보는 질문에 그는 이렇게 대답을 했다.

"다른 것은 없습니다. 대사를 할 때 마음으로 대사를 이야기하는 것뿐입니다. 그것을 잘 봐주시는 것 같습니다."

세계적으로 유명한 발레리나 강수진의 춤이 사람들에게 감동을 줄 수 있었던 것은 무대에 설 때는 자신이 아닌 자기가 맡은 인물이 되어 혼신의 힘을 다해 춤을 추었기 때문이 아닌가 한다. 앞에서 이야기한 것과 같은 이야기를 반복하는지도 모르겠다. 하지만 앞에서는 춤의 시작을 이야기했다면 이번엔 춤을 추는 과정을 이야기해 보고 싶다.

내게 주님이 허락하신 안무들 중에는 주님과 인간, 인간 대 인간으로 역할을 나누어 춤을 추는 곡들이 종종 있다. 워십드라마로 여러 곡을 편집해서 하나의 이야기로 만들기도 하지만 기존의 워십 곡들을 보면 그렇게 역할을 나누어 안무를 해도 좋을 곡들이 많다. 예를 들어 "사랑합니다 나의 예수님", "바닷길", "하나님의 손", "내가 너를 사랑함이라", "보혈을 지나", "사명" 등등 주님이 사람에게 말씀하시는 메시지나 사람이 주님께 고백하는 찬양 등 안무를 할 때 좀 더 다양하게 표현할 수 있는 곡들이 있다.

이런 곡들을 찬양할 때 워십댄서들에게는 어떤 때는 예수님으로, 어떤 때는 죄에 빠져 고통 하는 인간으로, 어떤 때는 사랑과 헌신을 고백하고 결심하는 인간으로 그 역할이 주어지게 된다.

연기자들에게 요구되는 제일 중요한 것은 자기가 맡은 역할 다운 실감나는 연기일 것이다. 일반 무용수들에게도 대사가 없을 뿐이지 마찬가지일 것이다. 무용과 전공 이수 과목 중에는 '무용연기법'이라는 과목이 있다. 무용에도 연기가 필수이다. 자기표현이 얼마만큼인가에 같은 춤동작이더라도 관객에게 전달되는 것들이 다를 것이다.

그렇다면 워십댄서도 연기를 해야 하는가? 그렇다. 하지만 면밀히 이야기하자면 아니다. 연기이지만 진짜다. 우리가 찬양 가운데 표현하고자 하는 것은 역할이 아니다. 영의 이야기를 자기 고백으로 대언하고 선포하는 것이다.

그렇다면 그때 우리는 어떻게 워십댄스를 해야 할까? 그 가장 좋은 방법은 앞에서 이야기했던 남자 배우의 말처럼 마음을 다해 춤을 추는 것이다. 그리고 영으로 추는 것이다. 마음으로 대사를 말했던 것이 사람들에게 깊은 감동을 주었다면 우리도 온 마음으로 영으로 춤을 이야기하면 된다. 그렇게 마음과 영으로 뜨겁게 춤으로 이야기할 때 이스라엘 찬송 중에 거하시겠다고 약속하신 주님께서 그 자리에서 역사하지 않으시겠는가?

우리가 우리의 역할을 충실히 감당하면 그 일의 결과는 주님께서 주의 뜻대로 이루어 가신다.

사랑한다 아들아 내가 너를 잘 아노라
사랑한다 내 딸아 네게 축복 더 하노라

이 찬양을 노래할 때 나는 이미 내가 아니다. 나의 모든 것을 다 알고 계시는 하나님이다. 나를 축복하시는 하나님이다. 그 깊은 사랑의 마음으로 하나님의 말씀을 대언하여 춤을 추는데 보는 사람으로 하여금 깊은 감동이 생겨나지 않을까. 온 마음과 영으로 춤을 추는 것이 처음부터 되는 것은 아니다.

'마음은 굴뚝 같은데 몸이 안 따라줘요.'

이런 말들을 많이 하고 우리 모두가 경험해 본 일이다. 그렇기에 기본적인 춤 연습은 말할 것도 없고 어떻게 하면 내가 표현하고자 하는 것이 춤으로 드러날까 고민하면서 가사를 묵상하고 동작을 연구하고 도전하고 또 연습해 보고 하는 노력이 필요하다. 고민하는 것만큼 더 좋은 것이 나올 수밖에 없다.

"하나님은 영이시니 예배하는 자가 영과 진리로 예배할지니라."(요 4:24)

춤으로 찬양한다는 것은 그 안에 기쁨으로 찬양한다는 뜻을 기본적으로 내포하고 있다고 해도 과언은 아닐 것이다. 기쁠 때 찬양이 터져 나오고, 찬양할 때 기쁨이 솟구쳐 오르기 때문이다. 그러면 워십댄서는 기쁨을 어떻게 표현해야 할까?

예배에 대한 강의로 활발하게 활동하는 분 중에 내가 아는 한 분은 이런 이야기를 하셨다.

"찬양할 때 은혜 받기를 원한다면 가사대로 역동적으로 예배하라."

'가사대로!' 이 말에 주목하면 쉽게 이야기가 풀린다.

"기뻐하며 승리의 노래 부르리",

"주님의 기쁨 내게 임하네 나 항상 기쁨 안에서 주 찬양~",

"두 손 들고 찬양합니다",

"주께 와 엎드려 경배드립니다"

"나 기뻐하리 내 주안에서 기뻐하리라"

"나 기쁨의 노래하리 날 구원하셨네"

주로 인한 참 기쁨을 이야기할 때 음악의 템포와 웅장한 음향 사운드나 분위기에 휩싸여 추는 그야말로 댄스가 되는 위험에 처하지 않을 것이고 정말 주님 때문에 기뻐 다윗처럼 춤출 수 있을 것이다. 마음으로 춤출 때 말이다.

워십댄서가 정말 기쁨으로 주님께 찬양하기로 결정하고 구원의 감격을 찬양 가사의 바탕 위에 마음을 다해 자연스럽게 펼쳐 보인다면 관객들은 저절로 자리에서 일어나 함께 춤을 추고 싶어 할 것이다. 관객들이 주님께 춤으로 기쁘게 감격을 표현할 수 있게 그 통로 역할을 워십댄서가 해야 한다.

나는 만들어진 표정은 인형과 같을 뿐 감화는 줄 수 없다고 생각한다. 어느 워십팀을 보면 지금 찬양하는 가사와는 무관한 똑같은 표정에 처음부터 끝까지 갈 때가 있다. 가사마다 다른 표현과 내용을 이야기하고 있는데 정말 연기가 아니라 마음으로 고백한다면 조금씩은 살아 있는 표정들이 나오지 않을까. 아니, 아무리 표정연기가 뛰어나다 하더라도 주님께서 은혜와 은사를 부어 주지 않으시면 아무것도 아닐 것이다.

워십댄서들이여! 마음으로 최선을 다해 춤추며 위로부터의 귀한 은사를 사모하자!

"너희는 더욱 큰 은사를 사모하라. 내가 또한 가장 좋은 길을 너희에게 보이리라."(고전 12:31)

4. 자기 훈련을 할 줄 아는가?

누구나 그렇듯이 끊임없이 자기 계발을 하지 않으면 매너리즘에 빠지게 되고 결국에는 도태되는 위험을 만날 수 있다. 자기 관리를 잘하는 사람의 성공 스토리도 우리는 주변에서 종종 듣는다. 일반 사람들도 자기 발전을 위해 노력하고 애를 쓰는데 하물며 주의 일을 하는 워십댄서는 그러기에 더욱 더 영성 훈련과 그리스도의 장성한 분량까지 자라 가는 꾸준한 변화가 있어야 되지 않을까?

"하나님이여 사슴이 시냇물을 찾기에 갈급함 같이 내 영혼이 주를 찾기에 갈급하니이다. 내 영혼이 하나님 곧 살아 계시는 하나님을 갈망하나니"(시 42:1-2)

예배자에 대해 앞에서 언급했듯이 다양한 여러 가지 방법을 통해 우리는 하나님을 만나고 알아 가며 그리스도의 영성을 닮아 가는 삶을 살 수 있다. 그러한 삶은 목마른 사슴처럼 주님을 지속적으로 찾는 일에서부터 시작된다.

"여호와의 친밀하심이 그를 경외하는 자들에게 있음이여 그의 언약을 그들에게 보이시리로다."(시 25:14)

여호와와 친밀한 자만이 워십댄스를 잘 할 수 있다. 진정한 워십댄서는 주님과 친밀한 자일 것이다.

작년이었던 것 같다. 어느 분이 인터넷을 보고 전화했다면서 개인적으로 워십댄스를 배울 수 있겠냐고 문의를 했다. 개인적으로 수업을 하지 않는다고 말씀드렸지만 계속 간곡히 부탁하시는 바람에 일단 수업을 시작했다. 이야기를 들어보니 오래전부터 워십댄스를 해 오셨고, 몇 교회와 작은 지방의 어느 신학원에서 워십댄스 강의를 하신다고 하셨다. 창작을 하기가 어려워 작품을 배우면서 도움이 되기를 바라셨다.

각자에게 주어진 은사와 춤의 색깔들은 다르겠지만 그분은 오랫동안 워십댄스는 해 오셨지만 따로 무용을 배워 보지 않으신 것 같았다. 나는 내 수업 방식대로 발레 바(Bar)부터 수업을 진행했다. 그런데 중간에 그분은 난처해하면서 예전에 기본 무용을 배워 본 적이 있었는데 그때도 큰 스트레스를 받았었다고 한다. 기초부터 배우면 좋겠지만 이 수업에서는 하고 싶지 않다면서 안 하면 안 되겠냐고 요청하셨다. 나는 일반 완전 초보자들도 워십댄스를 배우러 오셨을 때, 왜 무용의 기본을 배워야 되는지 알려드리고 어렵겠지만 열심히 노력하고 연습하시라고 독려해 드리곤 한다고 말씀을 드리고, 더군다나 워십댄스를 강의하신다는 분이 그러시는 것은 허락할 수 없다고 단호히 말씀드렸다. 그분의 처지에서는 충분히 그럴 수도 있다고 생각한다. 하지만 적어도 지도자로서 누군가를 교육해야 할 위치에 있는 사람이라면 자신에게 철저해지려는 의지를 갖고 조금이라도 시도하려는 노력은 있어야 한다. 나는 얼마 후에 그 수업을 그만두었다.

대전에서 아카데미 수업을 들으시는 분 중의 한 분의 이야기다. 그 집사님이 맨 처음에 아카데미의 문을 두드렸을 때는 몸도 굉장히 뻣뻣하고 수업의 모든 내용들을 굉장히 어려워하셨다. 나중에 들은 이야기였지만 스트레칭을 하면서 '내가 왜 이것을 해야 하는가?'부터 시작해서 무용의 기본들을 배우며 너무 어려워서 앞으로 수업을 들어야 될지 말지를 집에 가서 고민하며 며칠간 잠도 자지 못했다고 한다. 그러던 중에 지금은 비록 기초가 없어서 어렵게 느껴지겠지만 장기적으로 보고 기본 무용 연습을 꾸준히 하면 어느 순간부터 분명히 춤의 선이 달라질 것이며 몰라보게 워십댄스가 발전해 있을 것이라는 내 이야기를 생각했다고 한다. 그래서 마음속으로 조금만 더 해 보자고 하시면서 인내하며 어느 정도의 시간이 흐르니

예향 워십 아카데미

적응이 되었고, 내 말대로 달라진 자신의 모습을 보게 되었노라고 고백하셨던 일이 있었다. 그 집사님은 몇 년 동안 꾸준히 하셨고, 지금은 누구보다 순서도 빠르게 잘 습득하신다. 예전에는 그 집사님보다 경력도 많고 잘 하셨지만 훈련을 중도에서 포기하신 다른 집사님보다 지금은 훨씬 자신감 있고 훌륭하게 워십댄스를 하시고 있다. (그 집사님을 볼 때마다 얼마나 감사하고 맘이 뿌듯한지 모른다.)

"새 노래로 그를 노래하며 즐거운 소리로 아름답게 연주할지어다."(시 33:3)

노래나 악기도 그렇듯이 춤도 몸이라는 악기를 잘 연마해 솜씨가 뛰어나고 교묘하게 연주할 수 있어야 한다. 그러기 위해서는 지속적인 훈련과 인내와 연단이 필요하다.

나는 워십댄서 모두가 뛰어난 무용수이어야 한다는 이야기를 하는 것이 아니다. 무용을 얼마만큼 배웠든지, 워십댄스의 경력이 얼마나 되었든지, 초보이든지 아무런 상관이 없다. 우리는 주님이 허락하신 그 자리에서 아름답게 연주할 수 있도록 하루하루 인내심을 가지고 노력하는 과정으로 주님을 기쁘시게 할 수 있다.

"내게 능력주시는 자 안에서 모든 것을 할 수 있다"라는 믿음을 가지고 한 발 한 발 앞으로 전진해 갈 때 주님이 일하실 것이다. 다만 우리의 생각 가운데 아름답게 연주하려는 의지와 실천할 수 있는 마음가짐의 문제이다.

워십댄서들이여! 오늘부터 워십 아카데미의 문을 두드려라. 학원의 문을 두드려라! 주님께서 용기를 주실 것이다. 우리 선교단의 아카데미에는 멀리 지방에서 오시는 분들이 있다. 보령에서, 대전에서, 대천에서, 포천에서, 서울의 선교센터까지 매주 올라오신다. 대전 아카데미에는 점심시간을 이용해서 열심히 달려오시는 분이 계셨다. 그분은 상사의 눈총을 받으며 이런저런 듣기 싫은 소리를 감수하며 오신다. 하지만 꼭 배우고야 말겠다는 그분의 열심은 그 삶을 기쁘고 충만하게 했다.

"나는 일주일 동안 이 시간을 기다려요. 이 시간이 얼마나 행복한지 몰라요."

그분의 고백이다.

교회에서 지원을 받아 오시는 분들이 계셨다. 감사한 일이고 또 열심히 하셨다. 그런데 교회 지원이 끊기면 바로 훈련도 그만 두는 안타까운 일을 보게 되는 경우가 있다. 개인 사정도 있겠지만 자기의 물질을 드려 배움을 계속할 수 있는 마음가짐은 주 앞에서 너무 귀한 일이다. 세상에서는 어떤 일을 하고자 할 때 많은 예산을 들여 필요한 학습을 하는 것은 너무나 당연한 일이다. 하물며 건강을 위해 취미를 위해 드는 비용은 당연하게 생각하면서 '주님의 일을 감당하기 위해 드는 비용은 좀 아까운 것 같고 필요하지 않다'고까지 생각하는 것은 정말 안타까운 모순이라고 생각된다. 세상일이 아니므로 더 귀하고 중요하게 생각하여 배움과 훈련의 자리로 발걸음 하는 것은 그 마음의 중심부터가 주님을 기쁘시게 하는 일일 것이다.

워십댄서가 자기 영성 훈련과 더불어 실력을 연마하는 일은 선교와 연관되는 중요한 일이다. 지금의 기독교 문화보다 더 강력하게 세상 문화를 이끌려면 좀 더 수준 있고 강한 영성이 있어야 한다. 세상 사람들이 돌아보지도 않는 수준 낮은 기독 문화로 어떻게 주 예수 그리스도를 전파할 수 있겠는가? 세상 사람들의 눈을 고정시킬 수 있고 관심을 갖게 하고 기꺼이 박수 쳐 줄만한 기독교 문화를 만들어야 한다. 그 속에 그리스도를 심어서 그들에게 전해 주어야 한다. 들든지 말든지, 때를 얻든지 못 얻든지 우리는 어떻게 하든 그리스도를 전파해야 한다. 그렇게 되기 위해 아름답게 연주하는 그 일을 소홀히 해서는 안 된다. 힘들 때도 있겠지만 열심히 기도하며 주의 도우심을 구하면 주님이 힘을 주시리라.

"너는 말씀을 전파하라. 때를 얻든지 못 얻든지 항상 힘쓰라." (딤후 4:2)

나는 꿈을 꾼다. 멋진 기독 공연을 만들어 그것을 보는 세상 사람들이 고개를 끄덕이며 박수와 환호성을 보내며 그 안에 역사하시는 주님을 영접하게 되는 그날을 꿈꾼다. 우리 모두 진정한 워십댄서로 함께 이 꿈을 이뤄나갈 수 있기를 축복한다.

예향 워십 아카데미

5. 전천후로 헌신되어져 있는가?

                                      몇 년 전 11월에 인도네시아로 선교 여행을 갔었다. 여름휴가는 이미 지났고 성령님의 강력한 인도하심으로 우리 선교단 6명은 단기선교를 결심하고 실행에 옮기기로 했다. 학교를 다니는 사람은 중요한 전공과목이 있는데도 교수님의 따가운 눈총을 뒤로 하기로 결심을 했고, 아르바이트를 하던 사람은 아르바이트를 그만두고, 또 회사를 다니던 사람은 도저히 휴가를 낼 수 없게 되자 직장도 포기하고 선교에 헌신하기로 결단했다.

    성령님의 음성에 믿음으로 깊은 곳에 그물을 던지면 역사가 일어남을 우리는 너무나 잘 알고 있다. 단원 중 한 사람은 사표를 주머니에 넣고 죽으면 죽으리라 결심하고 팀장에게 허락을 받으러 갔는데 호통을 치며 나무랄 줄 알았던 그가 오히려 음료수 값까지 주며 격려해 주었다. 결국 주님께서는 주님께 헌신하며 나아갔던 우리로 하여금 기쁜 간증을 전하게 하셨다. 또 가장 좋은 성적으로 학교를 졸업하게 하시는가 하면 그전 직장보다 더 좋은 직장을 다니게 하시는 등 깊은 곳에 그물을 던진 우리에게 많은 물고기를 낚게 하셨다.

"그러므로 형제들아 내가 하나님의 모든 자비하심으로 너희를 권하노니 너희 몸을 하나님이 기뻐하시는 거룩한 산 제물로 드리라."(롬 12:1)

주님께서 나를 위해 모든 것을 헌신하셨던 것처럼 우리가 주님께 모든 것을 헌신하는 것은 당연하다. 특히 워십댄서로서 주님께 제사를 준비하기 위한 과정부터 제사를 드리기까지 모든 것을 온전히 헌신하지 못한다면 아마도 계속적으로 사역하기가 어려울 것이다. 주님을 만나고 또 주님을 따르길 원한다면, 자기를 부인하고 십자가를 지고 주님을 따라야 함을 성경에서 말씀하시고 계시듯 주님의 제자라면 주님의 모습을 닮아 그렇게 헌신해야 할 것이다. 다만 헌신을 하는 통로가 모두 다를 뿐이다.

선교단을 창단해서 맨 처음 부딪쳤던 문제는 재정 문제였다. 아무도 함께 해 주는 이가 없었다. 몸을 사용하다 보니 많은 에너지가 소비되는지라 직장에서 끝나고 돌아와 연습을 하는 단원들을 굶길 수가 없었다. 의상도 마찬가지였다. 훌륭한 의상은 아니더라도 작품과 어울리는 의상을 마련하는 일은 참 커다랗게 가로놓인 산처럼 느껴졌다. 그때 내가 할 일은 기도하며 먼저 헌신하는 일이었다. 그때 마침 고등부 성가대 지휘로 봉사를 하고 있었을 때라 우선 적지만 지휘 사례금으로 나오는 것을 선교단 예산으로 사용하기로 했다. 아껴서 간식도 먹고 의상도 저렴하게 준비했다. 그렇게 운영할 수 있는 것이 너무 감사했다.(지금도 선교단 선교센터의 5층의 계단을 올라갈 때마다 얼마나 감사한지 모른다.) 그런 모습을 봐 온 단원들은 또 선교단이 어려워지면 솔선수범해서 자기 것들을 내어 놓는다. 그 외에 해외선교를 나갈 때마다 기꺼이 자비량으로 헌신한다.

물질의 헌신뿐만 아니라 많은 연습량과 사역을 감당하려면 무엇보다 환경과 시간과 육체적인 헌신이 필요하다. 아마 주님을 따르기 위해 모두가 겪는 과정일 것이다. 그 과정은 나의 영성을 반석처럼 굳게 세워 주고 자라게 하는 하나님의 훈련 방법이기도 하다.

특히 개인적인 일이나 직업을 가지고 있으면서 워십댄스를 한다는 것은 그리 쉬운 일이 아니다. 자기희생이 따르는 순교자의 정신이 필요하다. 바쁜 삶의 일정 가운데서 일정한 시간을 떼어 연습하고 봉사하는 일은 많은 사람들 중에 나를 택하여 사용하시는 주님께 깊은 감사함이 없다면 불가능한 일이다. 부족하고 아무것도 아닌 나를 들어 주님을 찬양하는 제사장으로 삼으시고 또 충성되이 여겨 일을 맡겨 주신 하나님께 깊은 감사를 드리고 있는지 항상 깊이 생각해야 한다. 그 깊은 감사함으로 춤을 시작할 때 정말 주님이 기뻐하시는 춤이 될 것이다. 이런 마음으로 조금씩 조금씩 주님께서 부르신 자리에서 헌신하는 워십댄서야말로 진정한 제자가 아닐까.

자기의 유익을 구하지 않고 하나님 나라의 공의를 구하는 사람이 이 시대에 주님이 찾으시는 진정한 예배자의 모습일 것이다.

"감사함으로 그 문에 들어가며 찬송함으로 그의 궁정에 들어가서 그에게 감사하며 그의 이름을 송축할지어다." (시 100:4)

6. 새 노래로 노래할 줄 아는가?

　　　　　　　　　　　　　　　　　　"할렐루야 새 노래로
여호와께 노래하며 성도의 모임 가운데에서 찬송할지어다."(시
149:1)

　　내가 본격적으로 워십댄스를 시작한 지 15년이 넘었다. 나의
모습을 스스로 생각해 볼 때 햇수를 이야기한다는 것이 주님께나 나
자신에게 정말 부끄러운 모습뿐이다. 그래서 생각하면 생각할수록
이런 나를 써 주셨다는 것이 정말 감사할 수밖에 없다. 그동안 참
많은 찬양의 자리에 섰던 것 같다.
　　우리 선교단에는 오랜 세월을 함께하며 그 자리에 함께 섰던
귀한 동역자가 몇몇 있다. 찬양을 시작하기 전에 종종 나는 나 자신
에게나 함께 하는 동역자들에게 오늘도 새 영과 새 마음으로 주님
을 찬양할 것을 다시 한 번 당부한다. 바쁜 사역 스케줄을 따라가다

보면 습관적으로나, 오래도록 섰던 자리니까, 늘 하던 찬양이니까, 아니면 무대매너십으로 춤을 추는 오류를 범할까 염려가 들기 때문이다.

물론 모두 그 자리가 주님을 찬양하는 자리임을 분명히 알고 마음가짐을 바로 하겠지만, 짧은 시간이라도 찬양하기에 앞서 주님 앞에서 자신의 모습을 객관적으로 살펴보는 것은 굉장히 중요하다.

우리가 종종 첫사랑의 회복을 외칠 때가 있다. 종교 개혁자 마틴 루터가 하루는 자기 부인에게 이렇게 이야기했다고 한다.

"여보! 나 병이 들었나 봐. 십자가를 보는데 별로 감정이 없어."

그리고는 그는 방에 들어가 슬피 울었다고 한다. 우리의 새 생명을 얻을 수 있는 근원인 십자가를 볼 때마다 주님의 깊고 애절한 사랑을 내 영이 느끼고 반응하고 있느냐는 자신의 영의 건강함을 체크해 볼 수 있는 바로미터가 아닐까.

주님 주신 워십곡 중에 "십자가"라는 찬양이 있다. 그 찬양의 가사 중에 이런 가사가 있다.

주 달리신 그 십자가 나의 마음 녹아내리네
내 무지함 완악한 맘이 그 나무에 당신을 달았네
주 흘리신 그 보혈에 나의 눈물 함께 흐르네
그 독생자 십자가 위에서 생명 주신 그 큰 사랑

이 곡을 안무할 때도 밤새 두렵고 떨리는 마음으로 안무를 했었다. 십자가와 보혈을 생각할 때마다 내 마음이 녹아내리고 눈물이 함께 흐르고 있는가의 강한 물음이 왔었고 나는 그 물음 앞에 엎드렸었다. 이 곡을 주님께 워십댄스로 올려 드릴 때마다 주님의 십자가 앞에서 홀로 서서 묵상해 보려고 노력한다. 그리고 동작 하나 하나에 다시 새롭게 그 마음을 담아본다.

단원들이나 아카데미 분들에게 정말 타성에 빠져 그냥 외치지 않도록 항상 주의를 준다. 어제 그 찬양으로 워십댄스를 했었더라도 오늘 할 때는 다시 새로운 가사요, 새로운 마음으로 찬양할 수 있도록 상기시키고 독려한다.

주님 앞에서 자신의 모습을 솔직히 인정하고 살피고, 다시 진실할 수 있도록 내 영을 새롭게 단장하며 찬양하는 워십댄서의 춤을 주님은 얼마나 기뻐하실까?

늘 새 영으로, 새 마음으로, 새 노래로 춤추며 찬양할 수 있는 사람, 그가 바로 진정한 워십댄서이다.

7. 섬김의 모습이 있는가?

　　　　　　　　　　　　　　　"너희 중에는 그렇지 않
아야 하나니 너희 중에 누구든지 크고자 하는 자는 너희를 섬기는
자가 되고 너희 중에 누구든지 으뜸이 되고자 하는 자는 너희의 종
이 되어야 하리라. 인자가 온 것은 섬김을 받으려 함이 아니라 도리
어 섬기려 하고 자기 목숨을 많은 사람의 대속물로 주려 함이니라."
(마 20:26~28)

　　워십댄스는 대부분 팀 사역으로 하게 된다. 팀으로 같이 호흡
하고 영과 마음과 몸으로 하나가 되어 주님 앞에서 춤을 춘다. 그래
서 믿음, 소망, 사랑 중에 제일은 사랑이라고 하셨던 주님 말씀을
같은 팀 안에서 적용하고 실천하는 일은 워십댄스를 하는 것보다 우
선 되는 일이다. 기능적으로 좀 못한다 하더라도 또 잘한다 하더라
도 옆의 동역자와 팀을 섬기는 일은 주님께서 받으시는 향기로운 산

제사이기 때문이다. 워십댄서의 춤이 온전한 제사인지 아닌지는 무대 아래에서 결론이 난다.

섬기는 자의 자세와 본을 보이는 것은 워십댄서의 가장 중요한 소양이며 주님께 드리는 춤의 시작이라고 할 수 있다. 특히 춤이라는 특성상 사람들의 앞에 서야 하고, 따라서 보여지는 것들이 많다 보니 보이지 않는 곳에서의 모습은 다른 사람보다 먼저 주님이 보고 계시고 또 주님의 마음을 흡족하게 해 드릴 수 있는 예배의 시작이기에 더 중요하다.

주님 앞에서 주님을 기쁘시게 하려고 춤을 추고 드리는 것이 워십댄스라면 당연히 어떻게 하면 주님이 더 기뻐하시는지 조금만 생각하면 그 해답을 얻을 수 있다.

위의 말씀처럼 주님은 섬김을 받기 위해 세상에 오신 것이 아니라 이 세상 모든 사람의 대속물로 섬기시기 위해 이 세상에 오셨다. 따라서 주님의 뜻을 따라 우리도 그 모습으로 섬기면 주님의 마음이 좀 더 기쁘시지 않을까? 보이는 제사보다 보이지 않는 제사를 주께 먼저 드려야 한다. 보이지 않는 곳에서의 종의 마음으로 아름답게 사람들과 팀을 섬기는 모습은 보여지는 춤보다 더 중요하고 주께서 흠향하여 받으실 만한 산제사가 되는 것이다.

사역을 하다 보면 춤추고 연습하고 안무하고 예배드리는 등의 일보다 다른 행정적인 일이나 선교단을 운영하기 위해 해야 하는 부수적인 일들이 많을 때도 있다. 팀과 다른 동역자들을 섬기고자 하는 마음이 없으면 정말 힘들어지는 일들이 거의 대부분이다.

특히 국내 먼 지역의 사역이나 해외 사역을 나가다 보면 내 일보다 남의 일을 먼저 생각하고 전체를 생각하는 마음으로 생활해야 할 때가 많아지게 된다. 하다못해 무거운 짐을 든다거나 청소를 한다거나 식사 준비를 해야 한다거나 하는 일들은 공동체 생활에서 기본적으로 해야 하는 작은 노동이다. 또 오늘 연습과 사역을 위해 필요한 것들을 미리 준비하고 일이 끝난 후에 뒤처리해야 하는 일 등, 그 외에도 워십댄스 사역을 위해 감당해야만 하는 크고 작은 섬김이 필요한 일들이 참 많다.

그럴 때 군소리 하나 하지 않고 자기의 몸을 사리지도 않으며 마르다처럼 그 일을 묵묵히 감당하고 있는 사람이 있는가 하면, 앞에 산적해 있는 일들을 보고도 나 몰라라 하고 자기는 손해를 보지 않으려고 자기 일만 챙기고 생각하는 사람도 있다. 이 두 부류의 사람들을 많이 보아 왔다. 주님은 어떤 이들을 더 기뻐하실까? 누가 알아주든 알아주지 않든 주님을 사랑하는 마음으로 그 일들을 하고 있고 또 하고자 하는 그 섬김의 사람이 진정한 의미의 워십댄서인 것이다.

"그런즉 형제들아 어찌할까. 너희가 모일 때에 각각 찬송시도 있으며 가르치는 말씀도 있으며 계시도 있으며 방언도 있으며 통역함도 있나니 모든 것을 덕을 세우기 위하여 하라."(고전 14:26)

앞에서 말한 섬기는 자의 지나간 자리는 곧 아름다운 덕으로 남는다. 그것은 결과다. 워십댄스가 온전해지는 것은 워십댄서의 무대 위가 아닌 무대 아래에서의 모습이다. 마음을 다한 열정의 찬양의 춤을 잘 드리고 내려와서 그렇게 찬양으로 고백했던 것과는 무관한 모습과 행동을 보인다면 그 워십댄스는 은혜로 사람들에게 남을 수 없을 것이다.

입술뿐 아니라 온몸으로까지 그 찬양을 고백했다면 그것에 합당한 성품과 삶의 모습을 보여 주어야 한다. 특히 예배 사역 장소에서의 말과 행동, 본인이 맡은 예배 순서 외의 나머지 순서와 행사에 대하는 진지함과 충실함의 태도는 워십댄서의 춤을 진정한 찬양이자 산제물이 되게 한다.

겉과 속이 다른 사람이 아니라 겉과 속이 같은 한결같은 사람, 끝까지 일관된 모습으로 그리스도의 향기를 뿜어내는 사람, 그 사람이야말로 진정한 워십댄서이지 않을까?

8. 자신의 연약함도 인정할 줄 아는가?

"마음을 같이하여 같은 사랑을 가지고 뜻을 합하며 한 마음을 품어 아무 일에든지 다툼이나 허영으로 하지 말고 오직 겸손한 마음으로 각각 자기보다 남을 낮게 여기고" (빌 2:2-3)

팀으로 워십댄스를 하다 보면 달란트나 은사가 조금씩 다른 여러 사람들이 모이게 된다. 전공도 모두 다를 수 있다. 그런 모임 가운데서 춤이라는 도구는 각자가 가지고 있는 색깔과 자기 분량이 드러날 수밖에 없게 된다. 말하자면 세상 일반 무용단에 주역 무용수와 그 밖에 일반 무용수가 있는 것과 연극이나 뮤지컬 등에서도 분명 주연과 조연 배우가 있을 수밖에 없는 경우가 생긴다. 꼭 주역과 아닌 사람들을 나누고자 하는 말이 아니다.

하나님이 각 개인에게 주신 재능과 은사는 그 모양과 분량의 정도가 모두 다르다. 주님께서 그것을 여러 사람과 알맞게 조화를 이루어 합력하여 선을 이루며 주의 나라를 이룰 것을 원하신다. 그럼 어떻게 그 일을 이룰 것인가? 그것은 겸손함이다. 나를 잘 알고 남을 나보다 낫게 여기고 그를 세워 주고자 하는 마음이다. 나를 잘 안다는 것은 내가 잘할 수 있는 것과 잘하지 못하는 것을 객관적인 시각에서 보는 것이고 그것을 인정하는 일이다.

그리고 다른 사람에 대해서도 그런 부분을 가진 것을 인정해 주고 나보다 그를 먼저 세워 주고자 하는 마음을 갖는 것은 결코 쉬운 일은 아닐 것이다. 나를 먼저 깨뜨리는 작업 위에 자기 것을 드러내기보다 인내함으로 주님의 때를 기다리고 남을 먼저 세워 주는 일은 주님의 힘으로 가능하리라. 하지만 예수님의 성품을 닮고자 하는 간절한 마음이 있다면 그 일은 그리 어렵지 않을 것이다. 내 안에 착한 일을 시작하신 이가 주님이시고 주님이 이루실 것이기 때문이다.

우리 선교단도 그랬고 내가 수많이 들어 왔던 많은 교회 워십 팀들에게도 그런 문제는 반드시 한 번씩은 있었을 것이다.

'왜 그 사람은 앞에 세워 주고 나는 맨날 뒤에 있을까?'

이런 문제 때문에 나중에는 결국 '들러리'라는 말까지 나오는 경우를 주변에서 쉽게 볼 수 있었을 것이다. 얼마 전에도 아카데미에서 배우는 어느 집사님의 교회에서 그런 일이 생겨 상처 입고 고민하시는 이야기를 들은 적이 있다. 그런 일들은 사단이 틈을 타 팀이 깨질 수 있는 계기를 되기도 한다. 이것은 영적 어린아이와 같은, 성숙한 그리스도인의 모습이 아니다. 참 안타까운 일이다.

물론 일을 만들어 가는 입장에서 재능과 은사를 무시하고 모든 사람을 똑같이 세울 수는 없다. 어떤 A가 있으면 이런 B가 있고 저런 C도 있을 수 있다. 어떤 이는 턴을 열 바퀴를 돌 수 있지만, 아직은 다섯 바퀴밖에 돌지 못하는 다른 이를 위해 어떤 때는 그 수준을 맞춰 줄 수 있을 때 그 팀은 하나가 될 수 있다. 그렇다고 다섯 바퀴를 도는 사람은 열 바퀴 돌기 위해 노력하는 일 또한 멈춰서는 안 되리라. 세상에서는 이해할 수 없는 법칙이다.

어떤 상태이고 환경이고를 떠나서 중요한 것은 한 사람 한 사람의 올바르고 온전한 마음가짐이다. 우리는 세상의 팀과는 구별된 팀이다. 선두에서 깊이 생각하는 지도자의 지휘를 믿고 순종하고, 겸손과 사랑으로 같은 팀원들을 격려하며 먼저 세워 주는 일은 그 팀을 아름답게 만든다. 이처럼 팀원들이 사랑의 끈으로 든든하게 결속할 때, 사단이 결코 훼방할 수 없는 강력한 팀워크를 갖게 된다.

우리 선교단에 국립발레단 출신이 단원이 있다. 타전공자도 있지만 비전공자도 같이 섞여 있는 선교단에 그 단원이 처음 같이 연습했던 날, 그 친구는 연습시간 내내 뒤에서 누구보다 열심히 따라하며 겸손하게 다른 이들에게 자리를 내주었다. 어떤 작품을 해도 어느 자리를 탐내거나 자신을 드러내려고 하지 않았다. 그 단원이 자기가 춤을 못 춰서가 아니었을 것이다. 주 앞에 겸손하므로 또 남을 나보다 더 낮게 여기는 마음에서 그렇게 했을 것이다. 그런 사람은 어느 자리에 있든 빛을 발하게 되어 있다. 혹 사람에게 보여지지

예향 워십 아카데미

않는다 해도 주님은 보시고 기뻐하시며 나중에 때가 되면 더 크게
그 사람을 사용하실 것이다.

춤보다 먼저 마음이 더 아름다운 그런 사람들과 함께 춤을 추
고 싶다. 그런 워십댄서가 되자.

9. 자기 옥합을 깨뜨릴 줄 아는가?

"예수께서 베다니 나병 환자 시몬의 집에서 식사하실 때에 한 여자가 매우 값진 향유 곧 순전한 나드 한 옥합을 가지고 와서 그 옥합을 깨뜨려 예수의 머리에 부으니"(막 14:3)

나는 평상시 예수님 앞에서 옥합을 깨뜨린 여인의 이야기를 떠올리곤 한다. 그 여인이 부은 나드 향료는 예수님이 계셨던 당시에는 한 옥합에 약 300데나리온 정도로 비싼 것이었다. 1데나리온이 노동자의 하루 품삯이라고 할 때 누구나 쉽게 구할 수 있는 향유는 아니었다. 그 값비싼 향료는 여인의 전부를 예수님의 발아래 부은 것과 같은 것이었을 것이다.

워십은 이런 마음으로 주 앞에 나아가는 것이고 그렇게 엎드리는 것이다.

'주님께 모든 것을 드립니다. 이제 내 것은 없습니다. 주님!'

워십댄스를 하던 오랜 기간 중에 정말 다양한 사람들을 만나고 함께 동역하고 춤추고 그랬던 것 같다. 무용으로 많은 경험과 경력을 가진 사람도 있었고, 전혀 춤을 추어 보지 않은 초보자도 있었다. 전공과 직업도 다양했다. 그런 다양한 사람들과 함께 예배하며 춤을 추었을 때 정말 내 영혼을 황홀하게 했던 순간은 바로 그런 사람들 모두가 주 앞에 모든 것을 내려놓고 한 마음으로 손잡고 어깨 동무하며 주님을 찬양했던 그 순간들이었다. 그리고 '이제 주님의 사역자로 쓰임 받고 싶습니다'라는 결단으로 나섰던 사람들의 공통점은 주 앞에 자기가 이제까지 가졌던 지식, 재능, 경험을 모두 제로 상태로 만든 후에 다시 새롭게 재탄생되는 것이었다.

리듬체조를 전공했던 친구가 단원으로 자원을 했다. 맨 처음 그 친구와 많은 이야기들을 하면서 이렇게 충고해 주었다.

"워십댄스를 하려면 리듬체조를 버려라. 그런 후에 다시 리듬체조를 가지고 영광을 돌려라. 시행착오를 겪더라도 리듬체조도 다 주님 것이니 아직 세상이 가지고 있는 그 영역을 주님께 함께 돌려놓아 보자. 그렇게 노력해 보자."

그 친구는 리듬체조를 버리려고 노력했고 나는 그 친구가 가지고 있는 리듬체조를 살려 작품을 만드는 노력을 했다.

잘나가던 현대 무용수였던 친구도 그랬다. 선교단으로 워십댄스를 하면서 그 친구는 현대무용을 버리려고 노력했고 난 그가 제일 잘하는 현대무용을 가지고 워십을 만들어 보려고 애를 썼다. 본인이 가지고 있는 것들이 주 앞에서 예배 안에서 아무것도 아님을 고백했다. 그랬을 때, 그 영혼이 얼마나 아름답게 변하는지 그들은 잘 모를 것이다. 나는 분명히 보았다.

자기에게 어떤 화려한 경력과 능력과 재능과 지식이 있든 주님 앞에서 순수하게 그런 것들이 아무것도 아님을 선포하고 자신을 내려놓고 주님의 명령에 귀 기울이는 시간들을 통해 하나님은 그들이 드렸던 것을 가지고 주의 것으로 새롭게 바꿔 아름답고 놀랍게 사용하신다. 그런 각오로 나아오는 자들을 하나님은 기뻐하신다.

나는 워십 작품을 만들면서, 그리고 직접 댄서로 뛰면서 많은 좌절과 포기 상태를 얼마나 맛보았는지 모른다.

'왜 나를 워십댄서로 세우셨을까? 세상에는 공부도 많이 하고 실력 좋은 안무가요 무용수도 많은데 그들 중에 믿는 자도 많을 텐데. 이왕 하게 하시려면 어릴 때부터 무용도 하고 훨씬 춤추기에 알맞은 체격 조건과 실력도 주시지. 아버지! 답답합니다. 이제는 할 수 없을 것 같아요.'

그러기를 반복했었다.

'아직도 왜 나를 워십댄스를 하게 하셨는지는 확실히는 잘 모르겠다. 나에게는 워십댄스가 주님과 더 친밀해지는 통로였을까. 내게 대한 맞춤식 하나님의 사랑이었을까.'

그런 나를 하나님은 이렇게 바꾸셨다.

'하나님! 저를 워십댄스 하기 이전부터 무용을 배우지 않게 해 주셔서 감사해요. 그랬기 때문에 이런 작품을 주님께 드릴 수 있었

던 것 같아요. 나만이 드릴 수 있는 워십이요. 주님이 내게 허락하신 것이긴 하지만. 정말 부족함이 한이 없지만 이렇게 드릴 수 있어서 감사합니다. 그리고 주님! 이것이 나의 전부입니다.'

있어서도 아니고 없어서도 아니다. 주님의 부르심 앞에 순종하며 나의 자신감과 아집과 고집, 무능력까지도 내려놓고 그분만 가만히 바라고 또한 그 자리에서 내가 할 수 있는 최대한을 드리는 것, 그 사람이 진정한 워십댄서인 것 같다.

마지막으로 어느 PD님이 우리 선교단원 한 명을 인터뷰했던 내용을 나누고 싶다.

"사실 선교무용이라고 하는 것이 보여질 때 조금은 쉽고 너무 초보적인 동작들이 많지 않은가 하는 생각에 무용을 전공한 저로서는 더 많은 것들이 보여지길 원했고 더 많은 테크닉들이 있었으면 하는 바람이 있었는데 지금까지 워십댄스를 하면서 느끼는 것은 '동작에 그 모든 은혜가 있는 것이 아니라 내가 하나님께 드리는 마음의 중심과 보는 이들로 하여금 함께 은혜가 될 수 있는 것이 가장 좋은 가장 은혜로운 동작이구나.' 하는 생각에서 많이 좋아 보이는 동작들에 대한 욕심을 많이 버리는 계기가 되었고요. 지금은 다른 것보다도 내 마음에서 내 손과 발, 내 눈빛과 표정 하나 하나까지도 하나님이 받으시리라는 믿음으로 '머리에서 발끝까지 하나님께 영광 올려드리기를 원합니다.' 하고 기도하고 지금까지 워십댄스로 예배를 드릴 수 있게 된 것 같습니다."

"이에 예수께서 제자들에게 이르시되 누구든지 나를 따라오
려거든 자기를 부인하고 자기 십자가를 지고 나를 따를 것이니라."
(마 16:24)

10. 춤을 예배하지 말라

어느 날 선교센터로 얌전하게 보이는 한 자매가 찾아왔다. 선교단을 하고 싶어서였다. 면접과 오디션을 거쳐 일단 훈련을 받아보기로 했다. 맨 처음에는 열심히 훈련에 참여했다. 그러던 중 여러 가지 사정이 생겨 연습에 불참하게 되고 급기야 사단은 꼬리를 물고 여러 가지 환경 속으로 그 자매를 몰아가기 시작했다. 연습과 선교단 예배 모임에 불참하게 되는 상황이 계속되자 그 자매는 이렇게 나에게 물어왔다.

"단장님! 저는 화요일 저녁밖에는 시간이 안 될 것 같은데, 사역 있는 날은 시간 맞출 수 있어요."

저는 여기 춤추고 싶어서 온 거면 잘못 왔다고 다시 깊이 기도하고 오는 것이 좋겠다고 일단 돌려보냈다. 물론 온전한 헌신과 사역에 대한 이야기 또한 당연히 말해 주었다. 나는 그 자매가 춤만 추러 왔을 것이라고 생각하지는 않는다. 나는 그 자매가 지금 더 홀

륭하게 주님께 영광 돌리고 있을 것이라고 기대한다. 좋은 워십댄서가 되게 하기 위한 과정 가운데 만나게 하셨고 그렇게 하나님이 만드셨을 것이라고 믿는다.

그리고 지금 이야기하고자 하는 초점은 온전한 헌신이 아니다. 다만 우리가 모르는 사이에 하나님과 하나님의 나라, 하나님의 사역보다 춤에 관심이 더 생겨 나타날 오류들이다. 워십댄스는 하나님의 영광을 찬양하는 도구이자 하나님이 창조하신 것 중에 정말 아름답고 훌륭한 음악이라는 것과 뗄래야 뗄 수 없는 친밀하고 밀접한 관계를 갖는다.

음악에는 리듬이 있고 멜로디가 있고 화성이 있다. 음악을 창조하시고 우리에게 이것으로 찬양하라고 선물로 주신 것을 하나님보다 그 음악의 매력에 매료되어 음악을 더 사랑하게 된다면 그것은 하나님의 뜻에 분명 어긋나는 일일 것이다. 그 음악과 찰떡궁합으로 같이 붙어 있을 수밖에 없는 춤은 더욱 더 그런 위험에 빠질 요소를 가지고 있다고 생각한다.

멋진 선율과 심장을 쿵쾅거리게 하는 비트, 그것을 뿜어내는 기가 막힌 음향과 거기에 화려한 조명까지 있는 무대는 주인공이신 하나님보다 우리를 더 설레게 만들 수 있다.

거기에 춤을 추는 댄서의 최고로 고조된 흥분된 감정은 급기야 그것은 충분히 아주 좋은 먹잇감이 될 수 있다. 찬양은 감정이 수반된다. 하지만 특히 박자가 굉장히 빠르고 신이 나는 찬양에 맞춘 동작을 할 때 우리는 이런 오류에 빠지지 않도록 조심할 필요가 있다.

끝까지 가사를 생각하고 음악과 춤, 이 자리의 모든 것들이 주님께로부터 나왔고 주님께만 드려짐을 계속적으로 고백하고 외쳐야 한다. 자기 자신에게, 함께 하는 모든 영혼들에게, 공중 권세 잡은 악한 영들에게!

워십댄스로 예배드리고 난 후 우리는 사람들로부터 오늘 워십댄스가 어땠는지, 잘했는지 못했는지, 좋았는지 나빴는지, 그에 대한 어떠한 말들을 듣고 싶어 하는 습성이 있다. 그 달콤한 말들을 듣고 싶어 하는 것으로부터도 빨리 빠져 나와야 한다.

물론 객관적인 모니터로 발전을 위해 필요한 일이다. 하지만 결과적으로 우리의 관심이 하나님이 아니라 워십댄스에 더 관심을 갖고 그것을 예배할 수 있게 될 위험성도 생각하고 있어야 한다. 우리도 모르게 그렇게 될 수 있음을 간과해서는 안 된다.

그래서 워십댄서들은 예배 전에 말씀으로 기도로 더 무장해야 한다.

"그러나 귀신들이 너희에게 항복하는 것으로 기뻐하지 말고 너희 이름이 하늘에 기록된 것으로 기뻐하라 하시니라."(눅 10:20)

위의 말씀처럼 우리는 주님께 예배드린 것으로 감사하면 된다. 주님이 우리와 함께 하시고 교제하시고 예배를 받으신 것에 대해 믿음으로 반응하면 된다. 그것으로 온전히 기뻐할 수 있는 훈련을 하자. 춤을 자랑하지도 예배하지도 말라! 속지 말자.

11. 자존감과 소명을 가져라

"너희가 나를 택한 것이
아니요 내가 너희를 택하여 세웠나니 이는 너희로 가서 열매를 맺게
하고 또 너희 열매가 항상 있게 하여 내 이름으로 아버지께 무엇을
구하든지 다 받게 하려 함이라." (요 15:16)

워십댄스를 강의하다 보면 정말 다양한 연령층을 만나게 된다.
청소년부터 50대 권사님까지. 아직 선교단에 남자 단원은 없지만
아카데미를 하다 보면 남자분을 만날 때도 있다.

그분들 중 어느 한 여집사님의 이야기다.

"저는 처녀 때 교회에 다니다가 결혼한 다음에는 나가지 않았
어요. 그런데 어느 순간 건강과 가정 문제로 인해 삶의 위기에 빠지
면서 주님을 찾게 되었어요. 다시 교회에 나가게 되면서 얼마나 마
음에 평안과 위로가 왔는지 몰라요. 그때부터 믿음이 뭔지는 몰라

도 새벽기도에 가야 되겠다는 마음이 생겨 새벽기도를 다니게 되었는데 예배 후에 기도를 하다가 내 안에 기쁨이 넘치면서 막 웃음이 나더니 일어나 춤을 추기 시작했어요. 어느 분은 방언을 하신다는데 나는 가만히 있지 못하고 몸이 막 움직여지기 시작하는 거예요. 저도 절제가 안 될 만큼. 그러면서 얼마나 기쁨이 오던지. 아마 옆에서 기도하시던 분들이 제가 미쳤을 줄로 알았을 것이에요. 춤을 추면서 속으로는 그만 해야지, 하지 말아야지 하면서 그것이 맘대로 잘 안 되었어요. 남편도 창피하니 하지 말라고 하더라고요. 참 신기하게 그러기를 한동안 새벽기도를 할 때마다 그랬어요. 지금은 잘은 못하지만 팀에서 활동하며 워십댄스를 할 때 정말 기뻐요."

언젠가 한번은 선교단의 워십을 보신 분으로부터 한 통의 전화가 걸려 왔다.

"제 남편은 신앙생활을 한 지가 참 오래 되었어요. 예배도 잘 드리고 열심히 신앙생활을 하려고 노력했죠. 그런데 예배 때 마음에는 감동이 오는데 눈물이 안 난다고 고민을 하는 거예요. 왜 감동이 되는데 눈물이 안 날까, 그만큼 은혜를 못 받는 것은 아닌가, 눈물을 흘리고 싶다면서 남편에게 그것이 기도 제목이 되었었는데 어제 선교단 워십을 보면서 본인도 모르게 눈물이 나더라고 너무 기뻐하지 뭐예요. 정말 은혜 받았어요. 감사해요."

"주 여호와의 영이 내게 내리셨으니 이는 여호와께서 내게 기

름을 부으사 가난한 자에게 아름다운 소식을 전하게 하려 하심이라 나를 보내사 마음이 상한 자를 고치며 포로 된 자에게 자유를, 갇힌 자에게 놓임을 전파하며 여호와의 은혜의 해와 우리 하나님의 보복 의 날을 선포하여 모든 슬픈 자를 위로하되 무릇 시온에서 슬퍼하는 자에게 화관을 주어 그 재를 대신하며 기쁨의 기름으로 그 슬픔을 대신하며 찬송의 옷으로 그 근심을 대신하시고 그들이 의의 나무 곧 여호와께서 심으신 그 영광을 나타낼 자라 일컬음을 받게 하려 하심 이라." (사 61:1~3)

워십댄서는 주님 앞에서 워십댄스로 주님을 기쁘시게도 하지만 그것으로 많은 영혼들이 주님을 만나게 하고 영혼들을 위로하며 소망을 줄 수 있다. 주께서 주신 기쁨을 맛보고 다른 영혼을 회복하게 하는 일, 춤추게 만드는 일, 그래서 주님과 더 친밀해질 수 있게 하는 일, 그것이 워십전도자가 하는 일이다. 그 워십전도자의 일을 워십댄서가 감당할 수 있어야 한다.

워십댄서들이여!

부족하지만 주님께서 나를 택하여 세우셨음을 믿고 주의 전도자로 자존감을 가지고 이사야 61장의 말씀의 역사가 우리가 워십댄스로 예배하는 현장 가운데 온전히 이루어지는 날을 꿈꾸며 함께 춤을 추자!

제3장 영성 있는 안무의 실제

내게 주신 하나님의 은혜가
그때그때마다 새롭게 다가올 때
나는 새 영으로 주님 앞에 나아가
주님을 찬양할 수 있게 된다.
주님을 고백하고
주님께 사랑을 표현하고
주님께 모든 것을 드리고 싶어진다.
그렇게 위로부터 내려오는 은혜를 누리며 안무를 한다면
내게만 허락하신
특별한 찬양의 표현들을 허락하시지 않을까.

1. 은혜 받은 곡으로 깊이 묵상하라

"나의 영혼아 잠잠히 하나님만 바라라 무릇 나의 소망이 그로부터 나오는도다." (시 62:5)

이번 안무에 대한 이야기는 내 개인적인 방식과 경험에 의해서 나온 이야기를 이야기하는 것이지 결코 정석이 아님을 밝혀 둔다. 이 이야기가 여러분들에게 안무에 대해 더 깊고 풍성한 경험과 지식을 가질 수 있고, 그래서 좋은 워십 작품을 만들어 내는데 작은 디딤돌 역할을 하기를 바란다.

주님께서는 여러 해에 걸쳐서 이백여 곡의 안무를 다양한 방법으로 내게 주셨다. 그러나 대부분은 찬양곡을 어떤 식으로든 접해 듣고 먼저 진한 감동이 오면 여러 번 들으면서 그 곡을 깊이 묵상함으로 작품을 구상하고 주님께 허락을 받았다. 어쩌면 너무 당연한 이야기를 하고 있는지 모른다.

하지만 어떤 일을 앞에 놓고 그 일에 적합한 찬양을 찾는 경우도 있고, 기존의 찬양과 색다른 찬양을 찾을 수도 있고, 벌써 콘티가 정해져서 그 찬양을 해야만 하는 경우 등 여러 가지 환경들에 의해 찬양곡을 정하는 일이 생긴다. 내게 주신 하나님의 은혜가 그때그때마다 새롭게 다가올 때 나는 새 영으로 주님 앞에 나아가 주님을 찬양할 수 있게 된다. 주님을 고백하고 주님께 사랑을 표현하고 주님께 모든 것을 드리고 싶어진다. 그렇게 위로부터 내려오는 은혜를 누리며 안무를 한다면 내게만 허락하신 특별한 찬양의 표현들을 허락하시지 않을까 한다.

여러분의 상황 가운데 어떤 찬양곡이 정해졌다면 우선 그 찬양을 깊이 묵상하며 시작하라. 그 찬양에 나타난 주님의 성품은 어떠신지 발견하고 느껴라. 주님이 그 찬양을 통해 내게 무엇을 말씀하시는지 귀를 기울여라. 들어라. 그 찬양의 전체적인 메시지가 무엇을 이야기하고 있는지 영적인 시각을 열어서 보라. 그리고 그 찬양 속에서 들리는 주님의 음성에 입술을 열어 반응해라. 주님과 대화하라. 그 찬양을 통해 만난 주님은 어떤 분이신지 고백하고 사랑을 드려라. 이렇게 찬양 가운데 자신을 드러내시는 주님을 만나는 일, 그분만 바라보는 일은 안무를 하려고 시작하는 순간 안무가가 맨 처음 해야 할 일이다.

그래서 이 일들을 깊이 경험하기 위해 찬양곡을 여러 번 반복해서 듣는 것이 정말 중요하다. 주님의 은혜의 끈을 놓치지 않고 계속 묵상하려는 또 하나의 노력을 하라는 것이다.

나는 찬양에 은혜를 받고 안무에 대한 마음을 주님께서 허락하시면 그 후부터는 내 일상생활의 모든 주변에 그 찬양을 들을 수 있도록 해 놓는다. 집안은 물론 차 안, 선교센터, 차를 안 가지고 다닐 때도 들을 수 있게 mp3도 준비해서 누구를 만나든 어디를 가든 그 찬양을 듣는다. 본격적인 안무를 하려고 무릎을 꿇기 전까지 계속 듣는다. 그러던 중 주님께서 말씀하실 때가 있다. "십자가"라는 곡을 묵상 중에 있을 때였다. 그날도 거의 하루 종일을 들었다 해도 과언이 아닐 정도로 들었었는데 어디를 들렀다가 차를 타고 센터로 오는 길이었다. 차에서 음악을 틀고 운전을 하고 오는 중간에 그 가사의 메시지에 마음이 절여 오면서 눈물이 났다. 깊은 감동과 그 곡에 담긴 주님의 마음이 느껴지기 시작했다. 내게 그날 밤 그 찬양의 안무를 허락해 주셨다. 이런 경험은 참 많다. 큰 은혜가 아닐 수 없다.

　　"내가 여호와를 기다리고 기다렸더니 귀를 기울이사 나의 부르짖음을 들으셨도다."(시 40:1)

2. 주님 앞에서, 주님께 하라

"무슨 일을 하든지 마음을 다하여 주께 하듯 하고 사람에게 하듯 하지 말라. 이는 기업의 상을 주께 받을 줄 아나니 너희는 주 그리스도를 섬기느니라." (골 3:23~24)

앞에서 말한 것처럼 찬양을 깊이 묵상하다가 본격적으로 동작을 만들어 보기 시작한다. 이런 저런 동작을 하면서 가사를 생각하고 리듬과 멜로디와 박자를 생각해 본다. 그러다가 어느 정도 시간이 흐르다 보면 어느새 동작에 빠지고 가사에 매이고 박자에 매이고 있는 내 모습을 발견한다. 만드는 그 일에 빠져 있는 것이다. 그때 다시 정신을 차려 내 앞에 나와 함께하고 계신 주님을 생각한다.

'주님! 내 앞에 계신 주님께 이 동작으로 사랑을 전합니다. 주님 받으시옵소서. 이 동작의 주인은 주님이세요!'

내 앞에서 주의 보좌에 앉아 계신 주님이 보이고 그 주님이 나를 사랑의 눈으로 바라보시며 내가 하는 모든 것을 즐거워하시는 것을 느끼며 생각한다.

'아! 그러니까, 이렇게 하면 기뻐하실까?'

'주님 앞에서, 주님께'라는 인식을 갖고 동작을 만들다 보면 주어가 분명하니 어디에다 목적어와 수식어를 두어야 할지, 마무리를 어디에 두어야 할지가 쉬워진다. 시선이 자연스럽게 정해지게 되고 어느 부분에 강약을 두어야 할지를 깨닫게 된다.

그리고 주님 앞에서 동작을 만들다 보면 메시지를 어떤 식으로 전해야 할지 그림이 그려지게 되고 풀리지 않던 문제가 해결되어지는 것을 체험하게 된다. 성령께서 도우시고 일하시기 때문이다. 사람에게 보이고 사람들이 봤을 때의 관점보다 먼저 주께 하듯 동작을 시작하고 마무리한다면 어렵게만 느껴지던 숙제의 해답을 찾을 수 있을 것이다.

3. 성령님의 손에 온전히 맡겨라

"말하는 이는 너희가 아니라 너희 속에서 말씀하시는 이 곧 너희 아버지의 성령이시니라." (마 10:20)

"보혜사 곧 아버지께서 내 이름으로 보내실 성령 그가 너희에게 모든 것을 가르치고 내가 너희에게 말한 모든 것을 생각나게 하리라."(요 14:26)

우리가 하는 모든 일들에 내가 그 일들을 할 수 없고 주님께서만 온전히 이루실 것을 고백하는 것은 믿는 자로서 당연하고 모든 일의 시작에 앞서 행해야 할 일이다. 그리고 일을 하는 순간마다 그 믿음의 고백을 주께 드려야 함을 우리는 알고 있다.

그렇다면 안무의 시작도 끝도 주님 손에 있음을 고백하고 선포

물아 바다 덮음 같이 찬양 중에

하며 주님의 주권을 지속적으로 인정하는 일들은 너무도 중요한 일
일 것이다.

　안무를 하다 보면 가사가 여러 번 반복되는 찬양이 많다. 특히
워십댄스는 앨범에 들어 있는 AR 음악을 쓸 경우가 많아 더욱더 후
렴구를 여러 번 반복해 찬양하는 경우가 생긴다. 예전에 "물이 바다
덮음같이"라는 찬양 외에 비슷한 몇 곡을 예를 들어보면 정말 많이
후렴구가 반복이 되어진다.

　물이 바다 덮음같이 여호와의 영광을 인정하는 것이
　온 세상 가득하리라
　물이 바다 덮음같이 물이 바다 덮음같이 물이 바다 덮음같이
　주의 영광 온 세상 가득해 우린 서네 주님과 함께

제3장 영성 있는 안무의 실제　93

찬양하며 우리는 전진하리 모든 열방 주 볼 때까지

보혈을 지나 하나님 품으로 보혈을 지나 아버지 품으로
보혈을 지나 하나님 품으로 한걸음씩 나가네

　같은 한 가사에 몇 개의 다른 동작으로 이루어진 안무를 한다는 것은 정말 할 때마다 힘든 작업이다. 그 한계에 부딪칠 때마다 두 손을 들어 성령님께 온 맘과 몸을 내어 맡기지 않으면 하기 힘든 일이다. 아니, 할 수가 없다. 내가 할 수 없음을 고백하고 성령님의 도우심을 간절히 구하면 성령님의 지혜로 하나씩 하나씩 새로운 영감을 주신다. 그 일은 성령님께서 응답하실 때까지 기다리는 인내가 필요하고 육체적 노동이 필요하다. 주실 때까지 이렇게 저렇게 애를 쓰다 보면 너무 긴 시간에 육체가 피곤하여 지칠 때도 있기 때문이다. 그렇게 하다가 새벽에 동이 틀 때까지 밤을 새운 적도 많다. 피곤하고 지쳐서 포기하고 싶었을 때 하나님께서 내가 끝까지 순종하는지를 보시고 은혜를 허락하실 것이라는 믿음으로 시간 시간을 보낸 적도 있다. 머리를 싸매고 고심하다가 지쳐서 그냥 대충해 보자고 타협하고 싶을 때도 많았다.
　그럴 때마다 끝까지 성령님의 인도하심을 구하고, 성령님이 허락하시고 움직이실 때까지 인내하는 모습을 잃지 않는다면 정말 훌륭한 워십댄스 작품을 주실 것이다.

4. 가사를 최대한 표현하되 가사에 매이지 말라

워십댄스의 안무는 일반 노래에 맞춘 안무와는 좀 다르다고 생각한다. 노래의 가사 안에 담겨진 주님의 메시지를 영적인 안목으로 통찰할 수 있는 능력이 있어야 하기 때문이다. 다시 말하면 가사에 얽매이지 않지만 가사를 잘 표현해 줄 수 있는 안무라는 것이다.

창작이라는 것은 고정적이고 국한되어 있는 것이 아니라 새롭고 자유분방한 어느 것이라도 수용할 수 있는 포용력을 가지고 있다. 그렇기 때문에 지금 내가 이야기하는 것은 극히 주관적 소견임을 밝혀 둔다. 많은 찬양들을 안무하면서 부딪혔던 가장 큰 문제는 가사의 표현이었다. 가사가 있는 곡의 안무의 거의 대부분이 그럴 것이다. 너무 당연한 이야기를 하고 있는 것일까? 나는 다음 이야기를 하고 싶어서다.

우선은 가사와 만나면서 나는 무엇을 느끼고 또 무엇을 표현하고 싶은가를 첫째로 생각한 후 가사 표현과 전달하는 것은 두 번째로 생각해야 하지 않을까?

이런 경우가 있다. 어떤 때는 너무 추상적이고 시적인 내용이라서 느낌은 있는데 어떻게 표현을 해야 할지 난감할 때가 있고, 어떤 때는 너무 자주 나오는 가사라 어떻게 색다른 표현으로 안무해야 될지 고민 될 때가 있고, 어떤 때는 무엇을 느끼고 표현해야 하는 것인지 감각이 둔해질 때도 있다. 그리고 동작을 이렇게 저렇게 만드는데 몰입하다 보면 가사가 오히려 뒷전이 된다거나 가사에 갇혀 헤어 나오지 못 할 때도 있다.

그럴 때는 그 가사에서 한 발짝 떨어져 보는 시각이 필요하다. 그 가사만 생각해 보는 것이 아니라 곡 전체를 통해 하나님이 주시고자 하는 메시지를 깊이 생각해 보고 내가 과연 그 흐름 가운데 잘 따라가며 안무를 하고 있는지 동작과 동선의 전체 줄거리를 그려 보고 지금 부딪힌 그 가사로부터 빠져 나오는 작업을 해야 한다. 다른 각도, 다른 시각에서 적용해 보기도 하고 그 가사의 다른 해석을 해 보기도 해야 한다.

가사에 매이지 않고 가사 이상의 것을 찾아야 한다. 하나님은 그 가사를 초월하신 분이기 때문이다.

우리를 위해 죽으신 주 십자가 그 사랑 감사해
날마다 주의 형상대로 변화되리라 십자가 우릴 새롭게 하리이 찬양을 안무할 때 '주의 형상대로 변화되리라'라는 대목에서 나는 문제에 부딪쳤다. 말 그대로 주를 닮았다는 표현을 한다면 여러 가지 경우가 있겠지만 그냥 표현은 쉬웠다. 하지만 좀 더 그 깊은 의미를 전달하고 싶었다.

'변화를 어떻게 표현할까'

곰곰이 생각하다가 주님의 은혜로 날마다 거듭나는 우리의 모습을 생각했다. 그리고 성령께서 부화하는 알에서 막 깨어나는 새의 모습을 생각나게 하셨다. 그 모습을 생각하면서 동작을 만들었다.

워십을 보는 다른 이들이 그 뜻인지 아닌지 다 깨닫지 못한다 하여도 난 감사했다. 내게 허락하신 주님의 안무였으니까. (워십댄스 안무자들이 거의 그렇듯 동작 동작에 깊은 의미를 두고 만들었으리라.)

가사를 최대한 잘 표현하려고 애쓰되 가사에만 얽매이지 않는다면 내게 허락하신 색깔 있는 안무가 나오지 않을까? 주님께서 자신을 드러내실 수 있도록 그 한계를 뛰어 넘어 보자.

"모든 것이 내게 가하나 다 유익한 것이 아니요 모든 것이 내게 가하나 내가 무엇에든지 얽매이지 아니하리라."(고전 6:12)

5. 편견은 버려라

안무를 하고 작품을 단원들과 함께 그려 본 후 수정 작업을 해야 할 때가 있다. 그때 단원들의 생각을 물어볼 때가 있는 데 이야기하다 보면 다양하고 재미있는 이야기가 나온다.

장난이든 농담이든 어떤 이야기든 다 듣고 생각을 열어 둔다. 모든 것을 포용할 적극적이고 긍정적인 마음의 자세를 가지고 보고 듣는다. 어떤 것이든 괜찮다.

그러다가 '음. 그건 좀 그렇다.' 하다가 조금만 생각을 변환시키면 '그것을 이렇게 살짝 바꾸면, 아니면 이런 식으로 하면 괜찮겠는 걸' 하고 주님께서 지혜를 주실 때가 있다.

봄에 "사랑합니다 나의 예수님" 작품을 다시 작업한 적이 있었다. 그때 마지막 마무리 동작을 이야기할 때였다. '네게 축복 더 하노라~'그전 동작에서는 보통 앞의 사람들을 향해 두 손을 들어 축복하는 동작으로 끝을 냈었는데 같은 가사에 마무리는 뭔가 좀 다른 의미 있는 동작으로 끝났으면 하는 마음에 더 많은 이야기를 나누고 그렇게 시간이 흘러가고 있었다.

시간은 그냥 가 버리고 이렇다 할 이야기들이 안 나오자 살짝 농담 중에 한 명이 장난기 있는 목소리로 말했다.

"○○야! 목사님 축복기도하실 때처럼 기도해 줄게 이리와 봐."

머리에 손을 얹고 기도하는 동작을 하는 것이었다. 다들 웃었지만 나는 웃고 난 후에 그 장면에 마음이 따뜻해지면서 '이런 모습을 약간 꾸며 넣으면 어떨까?'라는 생각을 가졌다.

"지금 그 장면을 넣어보자. 이렇게."

"정말요?"

단원들이 '농담이겠지'라는 표정으로 반문을 했다.

"아니 정말로 이렇게 한 사람이 가운데로 와서 기도하는 모양을 하고 다른 사람들도 주변에 모여 이 사람 어깨에 손을 얹고 손잡아 주고 위로 주님 향해 손을 들고 이런 식으로 하면 그림이 나올 것 같은데 이런 식으로 해봐."

단원들은 웃다가 내가 이렇게 해보라는 소리에 동작을 해 보더니 웃음이 진지한 표정으로 바뀌면서 수긍하는 듯 고개를 끄덕였다. 나는 이전에 안무해 놓은 것을 다시 쉽게 안무한 이 곡의 동작 중에서 개인적으로 위에서 말한 끝 장면이 제일 마음에 든다.

'이것은 쓰면 안 돼. 워십이니까. 이런 것은 어디에 주로 쓰던

건데 아니지 아니야'

　이런 편견은 버려라. 창조적인 능력은 편견을 버릴 때 일어난다. 내 생활 모든 주변에서 가능한 한 모든 것을 열어 두고 보라.

　'약속'이라는 줄을 사용하는 작품이 있다. 어느 날 사역에서 돌아오는 길에 작품을 논의하던 중이었다.

　"그 찬양은 뭔가 다른 소품이 있으면 좋겠는데, 특별한 것 말이야."

　그랬더니 단원들이 여러 가지 소품을 이야기했다. 누가 '지팡이'를 이야기를 했다. 그때 지팡이를 긴 줄로 만드는 마술 이야기를 하면서 모두들 웃었다. 난 그때 단원 중에 바로 얼마 전에 줄넘기 강사자격시험을 보고 온 것이 생각나서 그 단원한테 줄넘기를 사용하는 것은 어떻겠냐고 물었다. 그 단원은 바로 아주 긍정적으로 수긍을 했다.

　'그래, 바로 이거야.'

　아직은 다른 곳에서 볼 수 없는 줄을 사용하는 워십댄스를 주님은 우리 선교단에게 특별하게 허락하셨다.

　모든 것이 다 주님 것이고, 또 주님께로 돌아가야 한다. 주님의 능력은 무한하기 때문에 우리가 생각하지 못하는 아름답고 훌륭한 모양으로 만들어 가시는 창조의 하나님이시다. 그 하나님을 섬기는 우리이기에 어떤 제한을 두고 시작하지 말라. 물론 버릴 것도 있어야 한다. 쓸 것은 쓰고 다듬어서 주님을 영화롭게 하는데 모든 것을 사용할 수 있는 창조의 능력을 부여받아야 한다.

"이튿날 그들이 길을 가다가 그 성에 가까이 갔을 그때에 베드로가 기도하려고 지붕에 올라가니 그 시각은 제 육 시더라. 그가 시장하여 먹고자 하매 사람들이 준비할 때에 황홀한 중에 하늘이 열리며 한 그릇이 내려오는 것을 보니 큰 보자기 같고 네 귀를 매어 땅에 드리웠더라. 그 안에는 땅에 있는 각종 네 발 가진 짐승과 기는 것과 공중에 나는 것들이 있더라. 또 소리가 있으되 베드로야 일어나 잡아 먹어라 하거늘 베드로가 이르되 주여 그럴 수 없나이다 속되고 깨끗하지 아니한 것을 내가 결코 먹지 아니하였나이다 한대 또 두 번째 소리가 있으되 하나님께서 깨끗하게 하신 것을 네가 속되다 하지 말라 하더라. 이런 일이 세 번 있은 후 그 그릇이 곧 하늘로 올려져 가니라."(행 10:9~16)

6. 훈련하고 또 훈련하라

"다만 이뿐 아니라 우리가 환난 중에도 즐거워하나니 이는 환난은 인내를, 인내는 연단을, 연단은 소망을 이루는 줄 앎이로다."(롬 5:3~4)

선교단을 창단하게 만든 작품은 "공의로우신 주"라는 CCM 가수 소리엘의 초기 앨범에 수록된 찬양이었다. 흰 천을 들고 나와서 각자의 포지션에서 이리저리로 동선을 만들어 가며 하는 군무였다. 이 찬양을 집회에서 드린 후 우리 모두는 계속적으로 모일 것을 결심했었다.

그때 만든 안무와 지금의 안무의 구성력이나 수준을 본다면 세월이 많이 흘렀기 때문에 당연하다고 볼 수도 있지만 또 하나는 그 세월과 함께 지속적인 작품 개발의 연구와 노력이라고 생각한다. 많은 시행착오도 있었고, 아쉬움도 많았고, 수고는 많았어도 결과가 그리 훌륭하지 않았던 적도 있었다. 정말 더 잘하고 싶은 마음에 가습으로 뒹굴었던 적도 얼마나 많은지 모른다. 나는 여기까지인가보다 하는 심정으로 포기하고 싶었던 적도 있었다. 그럴 때마다 내 안에서는 그래도 이것이라도 드리고 싶다는 열망이 있었다. 그 열망은 나를 일으켜 움직이게 하고 손을 들어 주께 향하게 하였다.

지금도 너무 부족한 모습이어서 부끄러울 때도 많지만 그 안에서 잊지 않고 지금 글을 쓰는 이 시간까지도 고백하는 것 한 가지는 이렇다.

"아시죠? 주님! 그것이 제가 때때마다 드렸던 사랑고백의 전부였어요. 아무리 보잘것없이 느껴지고 보여진다고 누군가 이야기해도, 어느 훌륭한 안무를 빗대어 놓고 보라고 한다고 해도, 알아주든

"주 품에" 찬양 중에

안 알아주든 봐주든 봐주지 않든 주님께서 제게 주신 마음과 있는 그 모습 그대로를 드렸다는 것이요."

이렇게 이야기 할 때마다 주님은 이렇게 말씀하신다.

"안다 알아. 그래서 기쁘고 귀하단다."

가끔씩 안무에 대해 고민하며 상담을 해 오시는 분들이 있다. 그러나 그분들 중 대부분은 조급해 하시고 너무 많은 것을 한꺼번에 얻어 내려고 하신다. 좋아 보이시는 것들이 주변에 있다 보니 스스로가 '나도!'하면서 그렇게 보이도록 모방만 하려는 욕심이 생기는 것이다. 그러다가 비슷해 보이지 않으면 용기가 없어지며 쉽게 포기하거나 나중에는 '아이고 난 할 수 없어'라고 도전할 생각도 하지 않게 된다.

물론 그렇지 않은 분도 많을 것이다. 훌륭하게 잘 하시면서 하나님께 큰 영광을 돌리는 귀한 분들도 많이 있다. 하지만 우리 대부분은 워십댄스의 현장에서 요구되어지는 새로운 생산력의 필요를 느끼고 스스로 갈급해 하고 있다. 그리고 그 갈급함이 조급함으로 이어지고 조급함은 자신의 모습을 먼저 인정하고 받아들이는 일보다 화려하게 보이는 일에 관심을 갖게 만든다. 이럴 때 우리 모두는 먼저 주님 앞에 잠잠히 나 자신을 돌아보고 그 모습 그대로를 인정하는 일을 해야 한다. 그리고 도우심을 요청하는 일이다.

이 이야기는 앞에서 말한 바 있기 때문에 더 이상 언급하지는 않겠다. 누가 보기에도 훌륭하고 은혜가 넘치는 워십 작품은 그냥 나온 것이 아니다. 누가 안무를 했든 많은 주의 연단의 과정과 자신을 인정하고 또 깨뜨리는 작업을 통해 조금씩 조금씩 얻어내고 주께로부터 받은 귀한 제사였음을 간과하지 말아야 한다.

그리고 그 바탕에는 인내하며 훈련하는 노력이 숨어 있다는 것도 알아야 한다. 안무를 하고 싶고 이제 시작해 보려는 이들이여! 용기를 내어 자신이 보기에도 초라하고 아무것도 아니게 보인다 할지라도 주님께 드리는 작은 사랑의 표현으로 기쁘고 감사하게 드리자. 또 믿는 자에게 주시는 능력을 구하고, 수고를 아끼지 아니하며. 그래서 내려 주시는 것들을 입을 크게 벌려 받아 보자.

"너희는 더욱 큰 은사를 사모하라. 내가 또한 가장 좋은 길을 너희에게 보이리라."(고전 12:31)

7. 해산의 수고함으로 작품을 낳아라

"나의 자녀들아 너희 속에 그리스도의 형상을 이루기까지 다시 너희를 위하여 해산하는 수고를 하노니"(갈 4:19)

앞에서 언급한 대로 안무를 한다는 것은 많은 수고와 애씀이 필요하기 때문에 오히려 두려움들이 생길지 모르겠다. 하지만 그에 앞서 생기는 두려움보다 일들을 완성해서 주님께 드린 후에 주께서 맛보게 하실 놀라운 기쁨과 은혜를 누리는 행복감은 우리를 더 큰 수고와 애씀을 각오하게끔 만든다.

오랫동안 정말 많은 찬양곡을 안무하면서 그 중에서 '어느 곡이 제일 소중하냐'라고 누가 물어 본다면 정말 한 곡 한 곡 모두 다 소중하다고 말하고 싶다. 아무것도 없는 백지상태에서 머리 숙여 무릎 꿇고 한 땀씩 수를 놓은 수고가 생각나기 때문이다.

어떤 때에는 며칠을 벼르고 벼르다 밤새 해산하는 고통과 수고로 만들어 온 작품을 몇 시간도 채 안 되어 단원들이 다 배워 버리면 우스갯소리지만 내가 밤새 뭐했나 싶을 정도로 허무함을 느낄 때도 있다.

작품의 완성도는 연습을 하면서 댄서 모두가 그 찬양 곡에 담긴 주님의 메시지를 같이 묵상하고 체험하고 그리고 하나의 마음으로 찬양에 동화되어지고 하나가 됨으로써 완성되어 간다. 그리고 주께서 허락하신 제단 위에서 주님께 제사로 그것을 드릴 때 그것이 온전해진다. 그 일이 반복될수록 더 성숙해질 수 있다.

간혹 가다가 어느 워십 영상을 보다 보면 갖다 붙이기 식의 고민을 별로 많이 하지 않은 느낌의 영상을 볼 때가 있다. 정말 그렇다고 섣부른 판단을 하는 것은 아니다. 나 스스로 조심해야 되겠다는 다짐을 하면서 드는 생각은 쉽고 편하게 안무한다면 그 곡의 깊이를 경험하기가 어려울 것이고 그것은 찬양의 은혜를 나누고자 하는 앞으로 만나게 될 영혼들의 마음을 적실만한 진한 감동의 기회를 주지 못하는 일이 될 것이다. 주님께서는 그런 연약한 부분 또한 주의 뜻에 합당하게 어떤 것을 통하여서라도 은혜를 흘러가게 하실 것이다. 그러나 우리가 편하고 쉬운 큰 길, 큰 문으로만 가려 한다면 우리에게 주신 책임을 다하지 못하는 결과가 되고 말 것이다.

예수님께서 십자가의 길을 우리를 위해 기꺼이 걸어가신 것처럼 우리 또한 그 모습을 생각하며 힘들어도 기쁘게 그 길을 따라 가 보자.

자신과 타협하는 순간들이 있겠지만 어제보다 오늘은 좀 더 노력하는 모습을 갖는다면 주님께서도 값진 것으로 선물해 주시리라 믿는다.

8. 다양한 것을 수용하되 철저히 모니터 하라

나는 솔직하게 우리 워십 영상을 모니터 하는 일을 별로 좋아하지 않는다. 그 이유는 너무 부족하고 아쉬운 부분만 눈에 보이기 때문에 속상하기 싫어서이다. 이럴 때 이렇게 할 걸, 조금만 더 손을 볼 걸 왜 저렇게 했을까, 역시 이건 어쩔 수 없는 것인가? 한숨이 계속 나온다. 그 한숨은 계속 모니터 하기 싫어지게 만들기도 한다. 그럼에도 불구하고 그것의 필요를 알기 때문에 계속한다. 단점도 단점이지만 장점 또한 모니터 하는 데 중요한 일이다. 나 자신 또는 우리 단체의 장단점을 정확히 짚어 내고 평가하는 일은 앞으로의 발전에 아주 좋은 약이요, 변환된 에너지로 사용된다. 계속 성장하기 위해서 말이다.

워십댄스의 수준을 높이는 일은 후에 다시 이야기하겠지만 우리 모두가 있는 자리에서 조금씩 꿈틀거리며 노력하는 일에서 시작한다. 그 노력 중에 하나가 바로 정확한 모니터를 하는 일이다. 자

신을 높이기 위해서가 아니라 남을 자기보다 낮게 여기는 자세에서 다른 것과 비교해 보는 일도 때로는 필요하다. 모니터는 한 부분만 보기보다 전체를 보는 눈을 갖게 해 주고, 실수를 캐내 그것을 극복할 긍정적인 방법을 모색하며, 모니터 과정에서 찾아낸 아쉬운 점을 다음번에는 극복하도록 도움을 준다.

그것은 단지 워십댄스에 관계된 것만이 아니라 모든 장르와 다양한 문화 코드를 넘어선다. 나는 뮤지컬, 연극, 일반 무용작품은 물론 일반 방송 매체의 여러 분야를 어떤 선을 두지 않고 접한다. 다큐멘터리, 드라마, 뉴스, 오락 프로그램 등 그냥 재미로만 보는 것이 아니라 세심하게 살펴보기도 하고 이야깃거리도 찾을 수 있다.

그 중에서 음악 프로그램을 보면 요즘 유행하고 사람들의 선호하는 대중음악에 맞춘 춤들을 읽을 수 있다. 또 적당한 호기심을 갖는 것은 그 일에 어느 작은 한 부분을 공감할 수 있도록 해 준다. 지금도 그렇게 하는 단체가 있겠지만 나중에 비보이의 특성을 작품에 넣어 만들어 보고 싶다.

오감을 열어 놓고 워십댄스에 필요하다고 생각되는 것은 물론 어떠한 감각을 느끼고 체험할 수 있는 다양한 것들도 함께 수용해야 한다고 생각한다. 상황과 환경 등 여러 가지의 한계가 있겠지만 그것들을 배우고 익혀 보는 일도 중요한 자산이 될 것이다.

자신의 것뿐만 아니라 폭넓은 다양한 것들을 접하고 수용하고 철저히 모니터하는 일은 자기 자신과 팀을 훈련시키는 훌륭한 약의 재료가 될 것이다. 곧 모든 것을 다 알 수 없고, 할 수는 없지만 다양한 경험과 관심들에서 나를 풍성하게 하는 작업은 주님께서 언제라도 쓰실 수 있는 재료를 준비하는 일들이리라.

"너희는 스스로 삼가 우리가 일한 것을 잃지 말고 오직 온전한 상을 받으라." (요이 1:8)

9. 작품 구성에 맞게 역할분담을 하라

현재 우리 선교단은 무용에 관련된 전공자들과 비전공자들까지 다양한 단원들이 있다. 하지만 초창기 창단 멤버들 중에는 거의 비전공자들로만 이루어졌었다. 이런 다양한 전공과 개성을 가진 팀원들로 하나 된 춤을 춘다는 것은 그 과정에서부터 어려운 일이 생긴다. 세상에서는 철저한 오디션을 통해 전공과 상관없이 되면 붙고, 안 되면 떨어지는 경쟁 중심이지만, 우리가 속해 있는 공동체는 신앙 공동체로서 무엇보다 헌신이 우선하는 작은 모임이기 때문에 그 시작부터가 다르고 성격 또한 다르다.

섬기는 공동체의 일원으로서 어떻게 온전한 모습으로 예배 드리며 춤을 추어야 될 것인지는 앞에서부터 계속 이야기해 온 바다. 그것을 밑바탕에 깔고, 이제 실질적으로 춤을 출 때 어떻게 조화 있게 안무를 잘 표현하고 그림을 은혜롭게 그려갈 것인가는 안무가나 안무 부분을 결정하는 팀의 리더들의 몫이 크다. 팀원 한 사람씩을 그의 장점과 개성을 파악하여 적재적소에 맞게 세우고 활용하는 일들은 전략적으로 매우 중요하다.

"의의 나무"라는 '소망과 바다'의 곡이 있다. 이 곡은 음악에 전반적으로 국악적인 요소가 적절하게 들어가 있는 찬양이다. 이 찬양의 전주 부분은 한국적인 정서가 물씬 풍기며 조용하지만 서정적인 멜로디로 구수하게 시작된다. 나는 이 곡의 처음 안무를 리듬체조를 전공한 팀원에게 곤봉에 아주 가벼운 천을 메고 안무를 하도록 해 보았다. 곤봉을 돌리며 입장을 하며 어느 정도의 안무가 마무리가 될 때 군무를 시작하는 것으로 시도해 보았다. 비교적 잘 어울리는 안무로 오프닝이 되었던 것 같다. 또 드라마에서 예수님을 채찍질하는 부분을 리본을 들고 나와서 하는 퍼포먼스로 작품을 짜 보기도 했다. 그 외에도 드라마적인 요소가 강하게 보이는 메시지가 있는 작품에는 현대무용을 전공한 표현력이 아주 뛰어난 팀원을 주역으로, 클래식한 이미지가 있는 작품은 발레 전공자를 중간에 솔로로 넣어 본다든지 다양하게 시도를 해 보았다. 그런 시도는 다른 작품의 수준도 더 완성도 있게 끌어올리는 시도라고 믿는다.

실질적인 작품의 안무를 시작하기 전에 머릿속에 전체 팀원들을 그려 놓고 그림을 그려 본다. 그리고 작품의 구성에 맞게 각 팀원들의 개성과 특기와 은사에 맞게 역할 분담을 해 본다. 그렇게 적용해 보고 또 생각보다 잘 안 되는 부분을 보완해서 수정하는 작업을 한다. 그리고 안무에 나타난 팀원들의 전체적인 조화가 어떤지 세심하게 살핀다.

이런 통찰력은 안무가와 팀의 리더들에게 정말 필요한 능력이라고 생각한다. 안무 곡의 표현을 극대화하거나 더 훌륭한 작품이 될 수 있는 접촉점이 될 수 있기 때문이다. 찬양과 안무의 아름다운 조화를 통해 그리스도의 영성이 드러내고, 관객들과 그것을 소통하며, 주께서 주시는 감흥을 나눌 수 있다. 그 이상의 기름 부으심으로 인한 은혜는 성령께서 하실 일이다.

"그러나 이제 하나님이 그 원하시는 대로 지체를 각각 몸에 두셨으니 만일 다 한 지체뿐이면 몸은 어디냐 이제 지체는 많으나 몸은 하나라. 눈이 손더러 내가 너를 쓸 데가 없다 하거나 또한 머리가 발더러 내가 너를 쓸 데가 없다 하지 못하리라. 그뿐 아니라 더 약하게 보이는 몸의 지체가 도리어 요긴하고 우리가 몸의 덜 귀히 여기는 그것들을 더욱 귀한 것들로 입혀 주며 우리의 아름답지 못한 지체는 더욱 아름다운 것을 얻느니라. 그런즉 우리의 아름다운 지체는 그럴 필요가 없느니라. 오직 하나님이 몸을 고르게 하여 부족한 지체에게 귀중함을 더하사 … 너희는 그리스도의 몸이요 지체의 각 부분이라." (고전 12:18~27)

10. 자신의 춤의 영역을 넓히고 높이기에 힘쓰라

　　　　　　　　　　　　나는 처음부터 무용 전
공자가 아니었기 때문에 안무를 할 때마다 많은 답답함과 아쉬움을
가지고 주님께 토로했던 적이 정말 많았다. 나중에 무용학과를 나왔
다 하더라도 그것은 내 개인적인 춤의 폭을 넓혀 주는 데는 별로 큰
도움이 되지 않았던 것 같다.

　머릿속에 스쳐 지나가는 많은 영감들은 있는데 그것을 실질적
으로 자신이 경험하고 해 보는 일들은 안무를 하는 나에게 필수적이
라고 생각했다. 그것이 궁금하고 어떤 느낌인지 느끼고 싶었다. 그
래서 배움의 열망이 컸다. 바쁜 사역, 제한된 시간, 가정, 학비 등
주변의 여러 가지 제약적인 환경적 요소도 있기에 더 그랬었던 것
같다. 레슨을 앞두고 다리를 다친 적이 있었는데 워십댄스가 너무 하
고 싶어서 다친 다리를 가지고 무리하다가 더 악화되었던 적도 있었
다.

감사하게도 때가 되어 주님께서는 선하신 계획 아래 알맞은 배움의 기회들을 허락하셨고 지금도 나 자신의 춤의 영역을 끌어올리기 위해 열심히 노력하고 있다.

나는 워십댄스를 하면서 어느 한 부분만을 고집하지는 않는다. 춤이라면 모든 영역을 접하며 배우고 싶고, 훈련되어지고 싶다. 춤이 아니라도 여러 가지 다양한 장르를 배우고 경험하는 것은 중요한 자산이 된다. 그렇게 폭을 넓혀 놓으면, 더 나은 안무가 나올 것 같아서다. 그리고 동시에 댄서이기 때문이었다. 그래서 그 훈련의 시간이 행복했다.

하지만 나의 한계와는 상관없이 미래의 차세대 워십댄스 안무가를 꿈꾼다. 나보다 몇 백 배 훌륭한 후배 안무가들이 나와야 한다. 그의 재능과 은사로 더 크게 하나님을 선포하고 드러내야 한다.

세상에서 인정하는 훌륭한 안무가들을 보면 자기 자신에게 무용수로서 최선을 다하면서 훌륭한 작품 활동을 하는 사람들이다. 견줄 바는 아니지만 최고의 하나님의 사랑을 표현하고 그 영광을 선포하고자 한다면 아무리 자기 자신을 훈련해도 부족하다.

보여지는 춤보다 그 이상의 하나님의 역사를 기대하며 자신의 있는 그대로의 모습을 인정하는 겸손함으로 나아가지만 깊이 있는 마음의 소원은 더 크고 영화롭게 주님을 찬양하는 일이다.

내 영혼이 그윽이 깊은 데서 맑은 가락이 울려 나네
하늘 곡조가 언제나 흘러 나와 내 영혼을 고이 싸네

평화 평화로다 하늘 위에서 내려오네
그 사랑의 물결이 영원토록 내 영혼을 덮으소서

이 찬송가의 기도가 나뿐 아니라 모든 워십댄스 안무가들에게
온전히 이뤄지기를 기도한다.

11. 다양하고 창조적인 문화 콘텐츠를 개발하라

"태초에 하나님이 천지
를 창조하시니라."(창 1:1)

워십댄스는 하나님의 것이다. 하나님께로부터 나왔고, 하나님
께만 향하고, 하나님이 전부이고, 하나님이 마지막이다. 모든 만물
을 창조하신 주님을 우리는 사랑하고 섬긴다. 그 하나님께 우리는
다양하고 풍성하게 찬양할 수 있고 찬양해야 한다. 놀라우신 창조의
하나님을 워십댄스라는 도구를 가지고 나타내야 하고 자랑해야 한
다. 그렇게 하기 위해서 우리는 하나님께로부터 창조적인 능력을 받
아 워십댄스로 새로운 콘텐츠를 개발하도록 힘써야 한다.

워십댄스가 예배 안에 있지만 예배를 초월해 세상으로 나아가
세상을 변화시킬 수 있는 문화 선교의 강력한 도구로 만들어야 한
다. 그 틀 안에서 다양한 옷을 입혀 보기도 하고, 여러 색의 물감을

들여 보기도 하고, 이렇게 저렇게 변신로봇처럼 변해 보기도 하면서 예수를 전하고 세상을 그리스도의 문화 가운데로 이끌어야 한다.

안무를 할 수 있다면 바로 앞에 놓여 있는 일들만 보지 말고, 세계를 향한 큰 비전을 품고 기도하며, 한 발 한 발 조금씩 내딛어 보자. 오늘 흘리는 땀이 주의 나라를 위해 귀한 밑거름으로 쓰시길 기대하며 하나님의 꿈을 꾸어 보자.

나는 워십댄스를 가지고 하나님의 군대 특전단을 이끌며 세계를 돌아다니며 복음을 전할 수 있는 때를 기도해 왔다. 그리고 또 한 가지 기도는 워십댄스를 또 다르게 발전시켜 세상 사람들이 봐도 크게 박수치며 감탄할 만한 멋진 훌륭한 공연 작품을 만드는 것이다. 그래서 그것을 통해 그리스도의 문화가 세상을 점령하고 다스릴 수 있게 하는 것이다.

세상이 감당하지 못할 그런 주님의 워십댄서로 워십 안무가로 주님께 쓰임 받는 일은 생각만 해도 정말 행복한 일이다.

제4장 워십댄스 팀 운영의 실제

리더로서 연습부터,

의상과 소품 준비 등 행정적인 일들 외에

여러 가지 감당해야 할 일들이 많이 있겠지만

팀을 이끌고 앞의 일을 결정하고

어떻게 찬양해야 할지 기도할 때

위로부터 능력을 부여 받은 것임을 명심해야 한다.

1. 늘 기도하기에 힘쓰라

"주는 하늘에서 그들의
기도와 간구를 들으시고 그들의 일을 돌아보옵소서." (왕상 8:45)

"기도하는 자는 겸손한 자다"라는 말이 있다. 기도한다는 것
자체가 하나님의 주권을 인정하고 주님께 맡기는 것이며 주님을 기
대한다는 말이다. 주님이 내게 맡기신 팀을 이끈다는 것은 나는 그
냥 앞에 서 있을 뿐 주님이 이끌어 가시는 것을 목도하는 일이다.
그분을 신뢰하는 일이다. "주님이 하십니다!"하고 팀원들에게 외쳐
주는 일이다. 실은 리더뿐만 아니라 팀원 모두가 기도의 훈련을 쌓
은 일은 더할 나위 없는 말이다. 솔로몬의 이 기도처럼 우리 모두는
하나님께 이 일들을 돌아보아 달라고 애끓는 기도를 쉬지 않고 해야
한다.

리더에게 있어 가장 큰 일이요 중요한 일이 바로 기도하는 일

이다. 팀원과 사역을 위한 중보자로서의 역할이 리더에게 맡겨진 가장 큰 책임이다. 동일하게 팀원들에게 맡겨진 가장 커다란 일은 리더와 사역을 위한 중보자의 역할임을 또한 기억해야 할 것이다.

리더로서 연습부터, 의상과 소품 준비 등 행정적인 일들 외에 여러 가지 감당해야 할 일들이 많이 있겠지만 팀을 이끌고 앞의 일을 결정하고 어떻게 찬양해야 할지 기도할 때 위로부터 능력을 부여받은 것임을 명심해야 한다. 예전에 워십댄스팀 리더로 오랫동안 봉사해 오신 집사님 한 분은 영적인 리더십을 발휘하는 데 한계가 느껴지고 간절한 목마름이 생기니까 결국에는 신학교 입학을 선택하셨다. 여러 가지 또 다른 부르심이 있었기에 결정하신 일이었겠지만 예전에 상담해 오실 때 영적 리더십에 대한 고민을 계속 물어 오셨었다. 여러 가지 영적 리더십을 키워 가는 방법이 있겠지만 기도로 직접 주님께 묻고 구하는 일이 가장 중요한 일이며, 그것을 실천할 때 능력이 생긴다는 것을 분명히 깨달아야 한다.

이전에 더 많은 무릎 꿇음으로 나아가지 못해서 인간적인 방법으로 실수하여 상처 주고 상처 받은 일들이 많았던 것 같다. 또 주님의 뜻을 몰라 헤맬 때도 많았었다. 생각할수록 주님께 죄송할 따름이다. 지금도 기도 훈련은 끊임없이 이어진다. 나약해질 때도 있음을 인정하면 우리 긴 마라톤의 경주를 해야 한다.

하지만 기도를 시작하는 순간부터 팀을 향한 커다란 비전과 팀원들을 향한 중보를 기도 제목으로 삼고 기도해 왔던 것 같다. 지금도 그렇다. 기도할 때만이 주님의 마음으로 팀원들의 영혼을 향한

캄보디아 사역

긍휼함과 사랑이 생기고, 또 그 영혼을 주님 손에 맡겨 드리는 거룩한 일들이 일어나게 된다. 때로는 기도하는 일에 관한 한 릴레이 기도와 금식 기도도 선포할 수 있는 리더십을 리더는 발휘할 수 있어야 한다.

먼저 기도하는 모범을 보일 때 팀원들이 리더의 영권을 인정하는 일들이 일어나리라 생각한다. 인간적인 방법으로 권위를 세우려고 하지 말고 기도로 영적 권위를 세워라.

"너는 내게 부르짖으라. 내가 네게 응답하겠고 네가 알지 못하는 크고 은밀한 일을 네게 보이리라."(렘 33:3)

2. 영적 리더십을 가지라

우리 선교단은 2002년 도부터 중국에 중국인들을 대상으로 워십댄스를 가르쳐 주는 세미나를 지금껏 계속해 오고 있다. 선교사님의 요청과 함께 뜨겁게 부흥이 일어나는 중국교회에 워십댄스로 선교할 수 있는 워십댄서를 훈련하는 일은 너무 중요한 우리 안의 부르심이었다. 워십댄스 세미나를 할 때 첫 강의는 찬양과 경배에 대한 강의이다.

중국에서 만나는 대상은 일반인에 신학생에, 어떤 때는 나이를 초월해서, 또 학력과 생활수준, 지방색, 한족, 조선족, 소수 민족, 다른 언어와 생김새 등 정말 다양했다. 그러니 신앙의 색깔도 조금씩은 달랐고 어떤지 잘 알 수도 없었다. 중간 중간에 현지 한인 교회와도 연결되어 세미나를 했었다.

각자 처해 있는 상황과 환경이 다른 낯선 곳에서 워십세미나를 할 경우 가장 필요한 것은 성경을 토대로 기본적인 내용을 쉽게 이해할 수 있게 그들을 인도하며 가르치는 일이다. 그 안에 내용의 깊이도 있어야 한다. 짧은 순간이지만 체험도 시키고 시간이 없더라도 핵심적인 내용은 꼭 짚고 넘어가야 됐다. 언제 또 만날지 오늘 만난 이들이 이 시간을 토대로 그들을 주님이 어떻게 변화되어 어떻게 쓰실지 나는 모르기 때문이었다. 단순히 율동을 가르치는 시간이 아닌 주님께 어떻게 찬양하고 경배해야 할지 그래서 어떻게 몸을 움직여 찬양해야 할지 알려 주는 일은 굉장한 영적 부담감이었다.

내게 절실히 필요한 일은 강한 영적 리더십이었다. 특히 언어가 다르고 민족과 문화가 다른 곳이기에 더욱더 그랬다.

하나님은 대학교 3학년 때부터 나를 각 선교단체에서 하는 예배와 찬양학교 여러 곳을 다니며 훈련하게 하셨다. 믿음 좋은 신앙 선배를 따라 다니며 기도훈련도 받고 영적으로 좋은 영향도 받았다. 좋은 목회자를 통해 제자화 훈련도 받았다. 신학교도 들어갔었고, 각 영적 각성 부흥집회, 전도집회, 찬양집회에도 많이 다니게 하셨다. 그 모든 일들을 오랫 동안의 훈련을 통해 주님은 내게 그런 낯선 곳에서 영적으로 리더십을 허락하셨던 것 같다. 해가 가면 갈수록 선교현장에서의 강력한 리더십이 요구된다. 지금의 선교단의 사역도 예배 안에 공연과 메시지와 기도와 영적인 코이노니아 및 축제로 사역으로 이끄신다.

나는 워십댄서이다. 하지만 선교단의 단장으로 팀을 이끌며 예배인도자로, 찬양인도자로서도 서 있어야 한다.

춤이라는 한 가지만 볼 때 세상의 무용수라면 이해할 수 없는 일이다. 워십댄스이기 때문에 다르고, 그 리더는 그래서 스스로가 예배인도자의 마음가짐과 찬양과 경배에 대해 잘 훈련되어 있어야 한다. 현장에서 그렇게 요구되어지고 또 하나님께서 그렇게 사용하시기를 원하신다. 예전에는 몰랐다. 어렴풋이 알았어도 모르는 척했고 또 못한다고 했다.

"이는 내 생각이 너희의 생각과 다르며 내 길은 너희의 길과 다름이니라. 여호와의 말씀이니라. 이는 하늘이 땅보다 높음 같이 내 길은 너희의 길보다 높으며 내 생각은 너희의 생각보다 높음이니라."(사 55:8~9)

이사야 55장에 나와 있는 말씀대로 하나님의 생각은 우리의 생각과 다르고 하나님의 길은 우리의 길과 다르다. 하나님이 우리를 어떤 선교 현장에 보내실지 모른다. 보내실 때를 대비해 우리는 항상 준비하고 있어야 한다. 미리 준비시켜 달라고 기도해야 한다. 그 선교 현장의 첫 장소는 바로 내가 맡은 워십댄스 팀이다.

3. 겸손히 경청하라

"아무 일에든지 다툼이
나 허영으로 하지 말고 오직 겸손한 마음으로 각각 자기보다 남을
낮게 여기고 각각 자기 일을 돌볼뿐더러 또한 각각 다른 사람들의
일을 돌보아 나의 기쁨을 충만하게 하라." (빌 2:3~4)

　나는 성격이 좀 급한 부분이 있다. 성격이 급하다는 것은 기질
상 일을 돌아가도록 하는 추진력과 상관될 수 있다고 굳이 연결시킬
수 있을지도 모른다. 아마도 이 성품이 내 안에 없어지는 것은 쉽지
않을 것이다. 하지만 이 급한 성격이 팀을 이끌어 나갈 때 일을 선
불리 그르치거나 남에게 쉽게 상처를 줄 수 있다는 것은 감안하고
다시 한 번 생각하고 조급해하지 말라고 스스로를 다스리는 연습을
자주 한다. 특히 사역하기 전에 모든 것이 다 예민해져 있는 상황에
서는 더 더욱 그렇다. 예배드리기 전에 더 축복하고 사랑하는 마음

으로 하나가 되어야 되는데 급한 성격으로 빨리 잘 따라오지 못하는 팀원들에 대해 인내해 주지 못한다면 그것이 팀원들의 마음 문을 닫게 하거나 하나 되지 못하게 하여 결국에는 찬양의 결과가 아름답지 못하게 되는 경우를 경험했었다. 리더로 각각의 팀원들의 다양한 성품 또한 받아 내기 참 어렵고 힘들 때가 많겠지만 반대로 팀원들은 리더의 모난 성품 때문에 힘들 수 있다.

얼마 전에도 아는 집사님이 단원으로 있는 워십팀이 성숙하지 못한 리더의 성품 때문에 고민하고 팀 전체가 위기에 처해져 있는 것을 본 일이 있다. 여러 가지 조언을 해 드렸지만 상처의 골이 서로 점점 깊어져 회복이 쉽지 않았다. 다른 단원들보다 특히 리더의 성품은 커다란 영향을 미친다. 그것을 가지고 티격태격하지 말고 서로의 이야기에 귀를 기울이고 마음과 마음으로 이야기할 수 있는 성숙함과 자신의 부족하고 아쉬웠던 부분을 스스로 고치려고 노력하는 자세가 필요하다.

위기가 있을 때, 먼저 나 자신을 돌아보고 팀원 전체를 돌아보며 주님 앞에 회개하고 다시 결단하는 자리가 필요하다. 주님을 깊이 만나는 골방이 필요하고, 또 새로운 결단에 따른 말과 행동이 달라지는 것을 모두가 발견하며 새로워질 수 있는 분위기를 이끄는 것이 중요할 것이다. 서로 용납하고 소리에 귀 기울여 주고 조금한 일에도 격려해 주는 일은 팀을 윤택하게 한다. 리더부터 그 일을 솔선수범해야 한다. 잘못한 것이 있으면 먼저 인정하고 스스로 고치는 노력을 해야 한다.

15년 동안 한 팀을 이끌어 올 수 있었던 것은 온전한 주님의 지혜와 전적인 은혜였다. 우리 선교단은 초창기 멤버의 대부분이 지금껏 한 마음으로 뒤에서 돕고 있다. 지금 돌이켜 보면 예전에 내가 왜 그랬을까 했던 참 부끄럽고 부족했던 나를 리더라고 참아 주고 버텨 주고 잘 따라와 준 모든 멤버들에게 참 감사하다는 말을 이 자리를 더불어 다시 전하고 싶다.

4. 주님을 신뢰하고 사람은 사랑하라

"요한의 아들 시몬아 네가 나를 사랑하느냐 하시니 주께서 세 번째 네가 나를 사랑하느냐 하시므로 베드로가 근심하여 이르되 주님 모든 것을 아시오매 내가 주님을 사랑하는 줄을 주님께서 아시나이다 예수께서 이르시되 내 양을 먹이라." (요 21:17)

위의 요한복음의 말씀을 인격적으로 처음 깊이 만나던 날 참 많은 눈물을 흘렸었다.

"주님! 사랑합니다."

"그렇다면 내 양을 먹여라."

그리고 난 주님께 물어봤었다.

"무엇으로 먹일 수 있나요?"

"아가페의 내 사랑으로 그들에게 주어라."

2003년 공연 후 제자들과 함께

얼마 전에 예배 때 설교 시간에 목사님이 이런 말씀을 하셨다.

"사람은 신뢰의 대상이 아니라 사랑의 대상이다."

하나님만 신뢰하고 사람은 최선을 다해 사랑하라는 뜻에서 말씀하신 것이라고 생각한다. 바로 눈앞에 보이는 것이 사람이기 때문에 보이지 않는 하나님보다 사람이 믿음직스러워 보일 때가 있다. 사실 '믿습니다'라고 고백하며 보이는 사람을 더 미더워 할 때가 많을 것이다. 하지만 주님은 곧 사람들이 결과적으로 나에게 실망과 배신감을 안겨 줄 수밖에 없으며 오직 신뢰할 존재는 주님밖에 없음을 깨닫게 해 주신다. 그렇기에 사람은 주님께서 우리를 한없이 사랑하셨던 것처럼 사랑을 주어야 하는 대상임을 다시 일깨워 주신다.

하지만 내 힘으로만 사랑할 수 없다. 온전한 주님의 사랑으로만 사랑할 수밖에 없음을 곧 깨닫게 된다. 내가 퍼 줄 수 있는 사랑은 금방 바닥이 드러날 수밖에 없는 얕은 사랑이다. 하지만 주님의 사랑은 깊고 깊은 사랑이다. 끝이 없는 사랑이다. 그 끝없는 사랑으로 주님은 사랑하기 원하신다.

우리 모두 이 명령에 순종해야 하고 사랑의 당위성을 모두 다 잘 알고 있다고 생각한다. 하지만 팀 활동을 경험했고 경험하고 있는 리더들은 현실에서 위의 이야기를 경험해 봤을 것이다.

난 내 사랑으로 퍼 주다가 실패는 물론 배신감까지도 맛본 적이 몇 번 있다. 떠나고 마는, 떠나보내고 마는 사랑이다. 아프기만 한 사랑이다. 그 경험으로 이제는 금방 돌이켜 먼저 고백한다.

'주의 사랑으로 나누어 준 것입니다. 내가 한 것이 아닙니다. 주님만 영광 받으소서.'

아버지의 마음으로 아버지의 사랑으로 양들을 대하고 사랑해야 한다. 그 헌신적인 주님의 사랑으로 사랑할 때 그 사랑을 먹고 양들은 행복하고 안전하게 자란다.

워십댄스 팀의 리더들이여! 우리가 이끄는 팀은 춤으로 묶여진 팀이기 이전에 사랑의 공동체이다. 주님처럼 그들을 헌신적인 사랑으로 사랑한다면 주님이 온전히 영광을 받으시는 기뻐하시는 팀이 될 것이다.

5. 먼저 모범을 보여라

"내가 그리스도를 본받는 자 된 것 같이 너희는 나를 본받는 자 되라." (고전 11:1)

워십댄스를 배우러 오시는 분들 중에 대부분은 각 교회 워십댄스 팀의 리더들이다. 뜨거운 열정으로 배우고자 하는 열망으로 가득한 분들이다. 먼 거리를 마다하지 않고 달려와 땀 흘리기를 주저하지 않는다. 좋은 의상을 준비하기 위해 무거운 짐을 들고 시장을 몇 바퀴씩 돌면서 다리품을 파는 것을 기꺼이 감수한다. 팀을 섬긴다고 주머니를 털어 간식을 사 오는 것도 잊지 않는다. 그분들은 누구보다 앞장서서 먼저 베풀기를 기뻐하며 자기희생을 두려워하지 않는다. 그 모습이 참 아름답다.

어느 날 아카데미 수업을 들으시는 분 중에서 같은 교회 분이라고 하시며 한 분이 오셔서 수업을 참관하셨다. 수업을 참관하신 후에 그분은 아카데미의 같은 교회 동료분에게 감탄하시며 칭찬을 아끼지 않으셨다.

"이렇게 힘들게 배우고 땀 흘려서 우리를 가르쳐 주시는 거였어요? 대단하네. 다르게 보여요!"

리더는 누구보다 배우는 일에 더 열심이어야 한다. 앞에서 자기 훈련의 이야기를 나누었다. 그 일을 워십댄스 리더부터 시작해야 할 것이다. 그것이 무언의 말로 팀원들도 같은 자리로 이끄는 원동력이 된다.

리더는 섬기는 역할이다. 헌신과 희생을 하는 자리이다. 그것이 나머지 팀원들에게 본이 되고 도전을 주어 그들도 그렇게 살 수 있는 힘을 준다. 나는 아이들이 참 어릴 때부터 데리고 다니며 워십댄스를 했었다. 다니는 거리도 참 멀어서 오가며 세 시간을 소비했었다.

그런 모습을 오래 보아 온 동료들은 본인들도 후에 결혼해서 아이를 낳고도 씩씩하게 사역을 잘 감당하는 모습을 보여 주었다. 육체적으로, 물질적으로, 가정적으로, 다양한 헌신과 희생이 요구되어질 때 주저함 없이 믿음으로 헌신하는 모습과 자기의 유익을 구하지 않고 사랑의 수고를 아끼지 않는 리더의 모습은 팀원들에게 존경과 사랑을 받게 될 것이다.

6. 예배의 영적 흐름을 읽어라

"너희는 이 세대를 본받지 말고 오직 마음을 새롭게 함으로 변화를 받아 하나님의 선하시고 기뻐하시고 온전하신 뜻이 무엇인지 분별하도록 하라. 내게 주신 은혜로 말미암아 너희 각 사람에게 말하노니 마땅히 생각할 그 이상의 생각을 품지 말고 오직 하나님께서 각 사람에게 나누어 주신 믿음의 분량대로 지혜롭게 생각하라." (롬 12:2~3)

워십댄스는 주로 교회에서 사역할 때가 거의 대부분이기 때문에 춤을 추기에 환경이 참 어려울 때가 많다. 몇 년 전 사역을 나갔을 때였다. 그 날 첫 곡으로 "약속"이라는 줄 소품을 이용한 찬양을 준비해 갔는데 리허설 때 보니 천장이 낮아 원래대로 동작을 하기가 어려운 상황이 되었다. 동료들은 어려울 것 같다고 포기하자는 표정을 지었다. 나는 그 순간 될 수 있는 방법을 생각했다. 무대도 좁아 작품의 동선도 바꾸어야 했었다. 결국 포기 상태였던 단원은 나의 발 빠른 대안에 수긍했고 조금의 변동은 있었지만 큰 무리 없이 리허설을 끝내고 무사히 사역을 마쳤던 적이 있다.

부정적인 상황을 긍정적으로 사고하여 대안을 마련하고 순간순간 발생할 수 있는 상황들에 대처하는 순발력과 민첩성이 리더에게는 필요하다.

리더는 매번 다른 상황과 환경에 부딪힐 수 있다는 생각을 염두에 두어야 한다. 주의 지혜를 구하며 할 수 있다는 신념을 버리지 말라. 성령께서 도우실 것이다. 팀원들 또한 그런 상황에서 리더를 신뢰하고 순종할 수 있어야 한다. 이런 훈련들이 쌓이면 팀이 성숙해진다. 신뢰가 자란다. 실력도 자란다.

팀원들과 예배를 드리거나 제단에서 찬양할 때 그때그때 성령이 주시는 흐름을 리더는 읽을 수 있는가? 그것은 거창하지 않다. 귀 속삭이듯 다가올 수도 있고, 눈으로 보일 수도 있으며, 민감하게 감각으로 느낄 수도 있고, 또 찬양 중에 말씀 가운데 깨닫게 하실 수도 있다.

이미 각자가 여러 가지 경험이 있겠지만 어쨌든 중요한 것은 예배 안에서 운행하시는 성령님의 음성에 민감하도록 기도로 준비하고 시간 내내 영적으로 집중하는 일일 것이다.

중국에서 워십세미나를 진행했을 때였다. 전날 찬양과 경배 이론 강의를 하고, 다음날은 강의 내용을 직접 적용하는 시간을 갖기로 했다. 말로 주님의 성품을 찬양하고 선포하는 시간이었다. 곡조 있는 찬양으로만 익숙한 지체들이 처음엔 어색했지만 조금씩 자기 안에 행하신 하나님의 놀라운 성품들을 고백하기 시작했다. 나는 그 고백의 진실함이 느껴지기 시작하자 침묵함으로 주 앞에 있기를 요청했다. 그리고 우리 안에 와 계신 주님을 생각하고 만져보기를 구했다. 조금 후 자연스럽게 기도가 터져 나왔고, 회개의 눈물과 애끓는 간구와 간절한 목마름이 있었다. 그들의 모습을 보니 한 사람씩 중보기도를 하고 싶은 마음이 생겼다. 그래서 함께 마음을 다해 중보기도하며 서로서로 돌아가며 축복함으로 시간을 마무리했다. 그 시간에는 통역자가 없었다. 다만 쉬운 말은 알아들을 수 있는 조선족 청년이 있었다. 진지하게 진행하는 순간에 의사소통의 문제로 맥을 끊을 수는 없었다. 성령께 맡기고 영으로 하나 되게 하실 줄 믿고 그대로 진행했다. 사전에 그 시간을 그렇게 계획한 적은 없었다. 나는 다만 성령님의 음성에 민감하려고 했을 뿐이다. 성령께서 일하여 주셨다.

공동체 안에서 각각의 팀원들의 영적 상태가 어떤지 민감하게 살필 줄 알고 또 워십댄스로 예배드릴 때 회중들이 영적 흐름을 읽는 것은 리더에게 어려울 수 있지만 주님께 구해야 할 능력이다.

7. 오래 참고 기다려라

"인내를 온전히 이루라 이는 너희로 온전하고 구비하여 조금도 부족함이 없게 하려 함이라."(약 1:4)

각자 개성과 성품이 다른 팀원을 이끌어 가려면 자기 자신을 비우고 용납하고 포용할 수 있는 넓은 마음이 필요할 것이다. 분을 냄으로 하지 않고 온유와 권면함으로 사람들을 대해야 한다. 리더가 그렇게 노력하는데도 어떤 팀원들은 알아주지도 않고, 잘 따라와 주지도 않고, 오히려 곁길로 가려고 할 때가 종종 있다. 아무리 달래고 설득해도 듣지 않는다. 자기 고집을 꺾지 않고 리더한테 오히려 요구한다. 워십댄스 연습을 할 때도 그렇게 한다. 나오다 안 나오다 자기 마음대로 한다. 그럴 때는 정말이지 인간적으로 미운 생각까지도 든다. 나도 상처 받았고 힘들다는 생각을 갖게 한다.

리더로서 노력할 만큼 노력했는데도 자기 멋대로 처신하는 팀원들은 어떻게 이끌어 가야 할까? 그 답은 인내인 것 같다. 오래 참는 것이다. 주님이 나에게 하시듯 나도 그를 오래 참고 기다려 주어야 한다. 주님 앞에서 내 모습을 깊이 생각한다면 기다려 줄 수 있는 여유를 갖게 된다. 영혼을 긍휼히 여길 수 있는 마음을 가져야 한다. 그리고 그를 통해 나를 연단하시는 하나님의 계획도 볼 수 있어야 한다. 인간이기에 참 어려울 수 있다. 그래서 인내는 내 힘이 아니라 기도로 이룰 수 있다. 그 영혼을 끌어안고 기도할 때 오래 참고 기다릴 수 있은 힘을 얻는다. 내가 정한 시간이 아닌 주님이 정한 시간을 기다려야 한다. 그 영혼은 주님의 것이다. 내게 맡기신 양이기 이전에 주님께서 사랑하는 사람이기에 인내하고 기다려 줄 이유가 있다. 주님께 맡기고 기다릴 때 역사는 일어난다. 주께서 변화를 주신다.

어느 때는 인내하고 기다렸는데도 마음을 아프게 하고 결국 떠나는 사람도 생긴다. 그럴 때는 두 손 들고 주님을 찬양하라. 주님께서 주님의 방법대로 그에게 임하실 것이고, 때가 되면 그를 아름다운 사람으로 만드실 것이기 때문이다. 그 하나님을 우리는 기대하고 찬양하기만 하면 된다. 나는 포기하더라도 주님은 포기하지 않으시고 끝까지 그에게 임하셨음을 결국에 내게 보여 주신다. 그리고 떠난 그 사람은 당장은 리더의 수고와 사랑을 몰라도 나중에 돌이킬 때에는 리더의 수고와 사랑을 분명히 알고 고마워할 것이다.

오랫동안 사역을 통한 제자와 동역자를 만났었다. 그들 중에 위에서 말한 성품을 가진 사람도 있었다. 내가 이렇게 확신 있게 이야기할 수 있는 것은 체험을 했기 때문이다. 한때 최선을 다했는데도 별로 좋은 모습을 보여 주지 못하고 자리를 떠났던 팀원이 후에 내게 보내 온 한 통의 편지는 나를 감동하게 했다. 내 안부를 묻는 내용과 주님께 사용되고 싶어 자신을 준비하는 중이며 멤버들이 보고 싶다는 내용의 편지였다. 어렵게 모은 용돈으로 산 작은 선물과 함께 보내왔다. 얼마나 감동이 되었는지 모른다. 하나님은 사랑의 인내가 헛되지 않음을 보여 주셨다. 나는 주께서 그 친구를 더 크고 멋지게 쓰실 것을 믿는다.

"보라. 인내하는 자를 우리가 복되다 하나니 너희가 욥의 인내를 들었고 주께서 주신 결말을 보았거니와 주는 가장 자비하시고 긍휼히 여기시는 이시니라." (약 5:11)

8. 사람 중심으로 일하되 일은 되게 하라

"나는 인애를 원하고 제
사를 원하지 아니하며 번제보다 하나님을 아는 것을 원하노라." (호
6:6)

사람이 일을 할 때 보통 두 부류가 있다고 한다. 사람 중심으
로 일을 하는 사람, 일 중심으로 일하는 사람이 그것이다. 우리 팀
은 그럼 이 두 부류 중에 어떤 부류에 속해 있는 팀일까? 그리고 나
는 어떤 리더일까?

팀을 이끌다 보면 일의 진행 과정 가운데 팀원들과 의견 마찰
이 생기거나 본의 아니게 환경으로 인해 일이 틀어지거나 해서 난처
해지는 상황이 생긴다. 좋은 뜻인 것은 알지만 의견 수렴이 안 된다
거나, 일은 마쳐야 하는데 팀원의 작은 실수로 인해 일이 지연된다
거나, 애는 썼는데 결과가 안 좋아 낙심되는 경우 등 일과 팀원 사

이에 끼어서 리더는 참 곤란한 상황에 맞닥뜨리게 된다. 본인 잘못도 아닌데 그 일을 맡은 사람의 변명도 대신해야 하고 정말 커다란 실수를 했다면 팀을 대표해 모든 곤욕을 치러야 한다.

이럴 때는 어떤 주관을 갖고 어떻게 일을 대해야 할까? 그것은 성경에서 말씀하시는 인애라고 생각한다. 인애는 어진 마음으로 남을 사랑하는 마음을 말한다. 호세아서에 나타난 하나님은 바로 그의 백성들을 끝까지 사랑하시고 기다리시는 인애의 하나님이시다(호 2:14~23).

이 단어는 일반적으로 다른 사람들에 대한 친절과 자비를 표현하는데 사용된다. 인애는 하나님을 경외하는 자들 사이에서 행해져야 할 중요한 덕목이며 의무이다.

호세아 6장 6절의 말씀처럼 과연 하나님은 제사 받으시는 것을 원치 않으실까? 그것은 하나님께서 원하시는 것은 하나님께만 드리는 단순한 제사뿐만 아니라 사람들에도 긍휼과 자비를 베풀 때 진정한 예배가 된다는 것이다. 제사를 바치지 말라는 뜻이 아니라 하나님께 제사를 바치는 자는 반드시 사람에 대한 인애도 행해야 한다는 강한 표현이다.

일이 잘 되도록 잘해야 한다. 최상의 하나님께 드리는 것이기 때문이다. 만유의 주, 왕의 왕께 드리는 것이기에 최선을 다해야 한다.

그런데 일이 계획한 대로 잘 진행되지 않을 때가 종종 있다. 이럴 경우에도 리더는 일을 맡긴 팀원들에게 상처를 주지 않고 일은 진행하려고 노력한다. 그러나 어떤 팀원들은 이러한 리더의 고충을 이해하지 못하고 고집을 부리기까지 한다. 그럴 때는 앞에서 이야기한 대로 인애의 마음을 가지고 사람을 먼저 생각해야 한다. 일이 더뎌지더라도, 기대했던 것보다 결과가 아쉽더라도 그렇게 애써 보자. 그렇게 하는 것이 쉽지는 않다. 일이 잘되게 하기 위해 그전보다 더욱더 고민하며 좋은 대안을 모색하고, 새로운 방법을 찾아내어 일을 해결하도록 최선의 노력을 쏟아야 하기 때문이다. 어렵지만 그 좁은 길을 갈 때 주님은 승리로 우리에게 응답하신다. 하나님은 외모가 아니라 마음의 중심을 보신다. 그리고 우리가 인애의 마음으로 일을 해결하려고 애쓰는 그 모습을 보시고 가만히 계실 분이 아니

다.

하나님은 우리가 원하는 때가 아니더라도 때가 되면 이 모든 일을 합력하여 선을 이루게 하실 분이시다. 세상에서처럼 일의 결과만을 따지고 판단하는 것이 아니라 결과가 생각보다 어려워지더라도 사람의 마음과 과정을 중요시하는 세상과는 다른 팀을 만들어야 한다. 당장 눈에 보이는 일만 보는 것이 아니라 그 일의 바탕에 깔린 사람의 마음을 볼 수 있는 리더가 되어야 한다. 또 그런 공동체로 만들어야 한다.

얼마 전, 선교단에서 영상을 만드는 작업을 했다. 오랜 기간에 많은 예산이 들어간 힘든 작업이었다. 그 일에 모든 단원들이 애를 썼지만 누구보다 제일 앞장서고 헌신했던 단원 한 명이 어느 정도의 중요한 일이 끝나자마자 다리를 다치게 되었다. 우리는 다행이라고 생각했지만 웬걸 다시 영상을 찍어야 할 일이 생긴 것이다. 나는 이제까지 애쓴 단원이 실망할 모습이 떠올랐다. 그래서 좋게 나오지 않더라도 지금까지 최선을 다한 그 단원을 꼭 넣었으면 하는 마음에 감독님께 전하며 이전 영상은 그대로 쓰자고 했다.

"다른 단원으로 대치하면 될 것을 무슨 일을 그렇게 하십니까? 한 번 더 깊이 생각해 보세요."

감독님의 마음을 충분히 이해한다. 일 자체를 생각했을 때는 그 결정이 결코 쉬웠던 것은 아니었다. 하지만 일보다 내게는 단원들이 더 중요했다. 주님께 어떻게 해야 주님 뜻에 맞게 갈 수 있는 것인지 물으며 선한 방법으로 이끌어 달라고 기도했다. 며칠이 지나

서야 나는 단원에게 일의 상황을 이야기하고 의견을 물었다. 내 마음 또한 진심으로 이야기했다. 그 단원은 무척 아쉽지만 팀과 일을 위해서는 자신은 아무래도 괜찮다며 다른 단원으로 대체해 다시 찍을 것을 권유했다. '주님이 아시면 됐다'라는 그 단원의 성숙한 믿음에 함께한 모든 이들이 감동했다. 일은 이전보다 더 잘 되었고, 우리 모두 기뻐할 수 있었다.

"내가 진실로 진실로 너희에게 이르노니 나를 믿는 자는 내가 하는 일을 그도 할 것이요 또한 그보다 큰 일도 하리니"(요 14:12)

주님께서는 우리가 주님이 하신 일보다 더 큰 일도 할 것이라고 하셨다. 우리에게 위대한 일을 할 수 있도록 능력을 주셨다. 그래서 우리는 일을 잘 할 수 있다. 단, 잊지 말아야 할 것은 인애의 마음을 가질 때 비로소 주님처럼 일할 수 있다는 것이다.

"자랑하는 자는 이것으로 자랑할지니 곧 명철하여 나를 아는 것과 나 여호와는 사랑과 정의와 공의를 땅에 행하는 자인 줄 깨닫는 것이라. 나는 이 일을 기뻐하노라. 여호와의 말씀이니라."(렘 9:24)

9. 언제라도 내려 올 준비를 하라

선교단을 창단해서 이끌어 온 지가 이제 16년째다. 어느 팀이든지 팀이 해체될 위기는 한 번 씩 경험했을 것이다. 우리 선교단도 마찬가지였다.

창단해서 2년인가 3년 되던 해 어느 날이었다. 선교단에 여러 크고 작은 일들이 겹치고 또 단원들 간에 소소한 작은 일들로 온전히 하나가 되지 못하는 상태에 나 또한 지쳐서 선교단을 다시 새롭게 일으킬 의욕도 크게 저하되어 있었다. 나는 문제를 안고 선교단을 아껴 주셨던 목사님을 찾아갔다. 나의 말을 들은 후에 목사님께서 말씀하셨다.

"선생님은 단원들에게 엄마로만 있었지 친구로 있지 않았군요. 그리고 선교단은 선생님의 것이 아니라 하나님의 것입니다. 하나님께서 내려놓으라고 하시면 내려놓을 수 있어야 해요."

나는 그 말씀에 크게 한 방 맞은 것 같았다. 선교단과는 평생

뗄래야 뗄 수 없는 존재이고 주님께서 내게 준 소명이라고 생각했었다. 그런데 내려놓으라니 생각해 본 적도 없었다.

'하나님! 제가 언제 선교단이 제 것처럼 그랬어요? 하나님의 것이니까 이제까지 열심히 했는데, 아시잖아요?'

오히려 하나님께 반문하고 아니라고 부인했다. 하지만 조금 떨어져 객관적으로 내 모습을 보기 시작했을 때, 선교단의 일을 내 방식과 계획대로 진행하고 내 뜻과 의지대로 일이 되지 않아 실망하고 있는 모습을 발견했다. 두드려 맞은 느낌에 나는 눈물로 회개했다. 나는 그때 이후로 사역을 맞는 순간순간마다 주님께 고백한다.

"이 사역은 하나님의 일이고 하나님이 선택해 세우시고 사용하십니다. 하나님이 이 일의 주인이십니다. 저는 단지 도구일 뿐입니다. 저는 씨앗을 뿌리고 물을 주었을 뿐 자라나게 하시는 이는 오직 주님이십니다!"

아브라함이 떠나가라 하신 명령에 순종하여 길을 떠난 것처럼 우리 모두가 주님의 명령이 떨어졌을 때 바로 자리를 털고 일어날 줄 알아야 한다. 그때를 염두에 두고 준비하고 있어야 한다. 워십댄스도 물론이다. 다만 우리가 할 일은 주님이 정하신 그 길만을 쫓아가고 그 음성에만 귀를 기울이면 된다. 그분이 하라고 하신 일만 하면 된다. 그 일이 복된 일이다.

주님 말씀하시면 내가 나아가리이다
주님 뜻이 아니면 내가 멈춰서리다

나의 가고서는 것 주님 뜻에 있으니
오주님 나를 이끄소서

리더로 앞에 선다는 것은 힘들고 외롭고 어려운 자리이기도 하지만, 앞에 있기에 사단이 줄 수 있는 세상의 달콤한 유혹을 누구보다 먼저 받는 자리이기도 하다. 그래서 리더는 늘 자기의 겸손함을 살피고 약함을 인정하고 주님의 자리에 내가 있지는 않는지 성찰해보아야 한다. 자신을 비우는 연습을 해야 한다. 그리고 내려오라고 내려놓으라고 하시기 전까지는 오늘 허락하신 자리에서 최선을 다해야 한다. 십자가를 지기 싫어서 내려놓는 어리석음이 없기를 바란다. 당신과 나 자신에게 말이다. 그 자리를 혹 떠나게 될 때 후회가 없도록. 우리의 소망은 하늘 소망이다. 그래서 아쉬울 것이 없는 감사함의 자리이다.

"나의 달려갈 길과 주 예수께 받은 사명 곧 하나님의 은혜의 복음을 증언하는 일을 마치려 함에는 나의 생명조차 조금도 귀한 것으로 여기지 아니하노라."(행 20:24)

제5장 워십댄스를 가지고 열방으로

워십댄스로 해외선교를 어떻게 할 것인가?

우리 선교단은

자체적으로 거의 매년 선교지에 나가서

선교사들을 돕고

현지인들에게

춤으로 복음을 전하려고 많은 애를 써 왔다.

그 모든 시간이

선교를 나가기에 결코 좋았던 환경은 아니었기에

복음에 대한 열정과 헌신이 없었다면

그 많은 일들을 감당하기가 어려웠을 것이다.

1. 선교도구로서의 중요성을 인식하라

앞에서 이야기한 바와 같이 나는 워십댄스의 결과는 선교로 나타나야 한다는 생각을 가지고 최대한 선교에 대한 일에 대해서는 최선을 다하려고 노력했던 것 같다. 춤이 가진 선교 도구로서의 체험을 앞에서 인도네시아의 예를 들어 잠깐 이야기했던 것 같다.

우리 선교단은 자체적으로 거의 매년 선교지에 나가서 선교사들을 돕고 현지인들에게 춤으로 복음을 전하려고 많은 애를 써왔다. 그 모든 시간이 선교를 나가기에 결코 좋았던 환경은 아니었기에 복음에 대한 열정과 헌신이 없었다면 그 많은 일들을 감당하기가 어려웠을 것이다. 또 그렇게 단원들이 헌신으로 선교사역을 감당할 수 있었던 원인은 바로 끊임없이 선교의 기회를 놓치지 않고 체험했기 때문이 아닐까 생각한다.

말로 듣거나 많은 말을 하는 것보다 더 중요한 것은 직접 체험하는 일이었다. 현장에서 마음으로 보고 듣고 느끼는 것들은 하나님이 또 다시 선교의 기회를 주셨을 때 두말없이 자신의 것들을 내어 드리는 결단의 원천이 된다. 하나님께서 직접 현장에서 개인에게 말씀하여 주시고 그 뜻과 계획들을 알게 해 주신다.

여러 나라를 돌아다니면서 공통되게 느꼈던 점은 대부분의 나라들이 춤 문화가 강해서 자연스럽게 그들에게 다가갈 수 있었다는 것이다. 어떤 종교나 종족과 언어와 아울러 그들만의 문화를 떠나 아무 거부감 없이 받아들이고 함께할 수 있는 장점이 있다는 것이다. 그래서 복음 접근이 제한된 지역까지도 자연스럽게 들어갈 수 있는 전략적인 계획을 세울 수 있다.

태국의 치앙마이 쪽으로 선교를 처음 갔을 때였다. 그 시기에 여러 부족들의 축제가 있다고 해서 문화 공연을 와서 해 주면 좋겠다고 해서 우리 선교단 외에 CCM 가수 몇 명과 함께 연합하며 작은 공연을 준비했었다. 우리가 갔던 곳은 산족들이 사는 곳이었는데 시간이 되자 정말 어디서 모였는지 여러 산족들이 모이기 시작했다. 우리는 가수들과 함께 찬양을 드렸고 그들은 그들의 언어로 노래와 춤을 선보이기 시작했다. 준비한 행사의 순서가 거의 끝나갈 무렵 다같이 모여 춤을 추기 시작했다. 단순하고 반복되는 동작으로, 누구나 따라할 수 있는 그들만의 춤이었고 전통이었고 문화였다. 그들의 삶 속에 오래도록 묻어 있는 춤이었다. 우리 모두 그들 사이에 들어가 함께 손을 잡고 춤을 추기 시작했다. 낯설지만 함께 춤을 추므로 하나 되는 동질감을 느끼고 즐거워했다.

　　민족과 언어가 다르지만 춤은 민족과 언어를 초월하여 마음과 의사를 소통할 수 있는 하나의 도구가 되어 주었다. 이것을 느끼고 난 후, 그렇다면 이것으로 쉽게 복음을 전할 수 있는 방법을 모색하고 연구하기 시작했고 또 적용해 보기 시작했다.

　　주께 기도하며 우리는 워십댄스를 가지고 그 일들을 체험하고 도전하는 일들을 계속 함께 해 나가야 할 것이다.

　　"또 이르되 열방들아 주의 백성과 함께 즐거워하라 하였으며 또 모든 열방들아 주를 찬양하며 모든 백성들아 그를 찬송하라 하였으며 또 이사야가 이르되 이새의 뿌리 곧 열방을 다스리기 위하여 일어나시는 이가 있으리니 열방이 그에게 소망을 두리라 하였느니라." (롬 15:10~12)

2. 언어를 초월하여 성령의 역사하심을 믿고 나가라

"평안의 매는 줄로 성령
의 하나 되게 하신 것을 힘써 지키라 . 몸이 하나요 성령도 한 분이
시니 이와 같이 너희가 부르심의 한 소망 안에서 부르심을 받았느니
라." (엡 4:3~4)

주께서 본격적인 중국 선교를 시작하게 하실 때였다. 중국 남
부 쪽의 도시에서 매주 열리는 경배와 찬양집회의 워십댄스 팀을 지
도하고 함께 집회를 하기 위해 우리 선교단이 중국으로 건너가게 되
었다. 우리는 며칠 동안을 밤낮으로 함께하며 워십댄스에 대한 세미
나를 열고 집회를 준비했다. 그들은 하나라도 더 배우기를 열망하고
땀 흘리며 열심히 따라와 주었다. 그때 함께해야 할 집회와는 상관
없이 조금 후에 있을 사순절 때를 대비하여 워십드라마 한 곡을 가
르쳐 주었다. "고난의 길"이라는 찬양곡이었다.

십자가를 등에 지고 병정들에 이끌려
주님 갈보리 언덕을 오를 때
많은 사람들 몰려와
죄 짐을 지신 주를 보았네

가사대로 주님의 골고다 십자가의 사건을 보여 주면서 그리스
도의 사랑으로 초청하는 워십드라마로 그들이 이것을 잘 배워 중국
땅의 많은 곳으로 복음을 전했으면 하는 마음으로 열심히 가르쳐 주
었다. 그들은 너무 진지하게 배웠고 또 그 배우는 시간은 뜨거운 은
혜의 시간으로 우리 모두에게 깊은 감동을 주었다. 주님은 동작 안
에 담겨져 있는 메시지를 설명할 때마다 마음이 뜨거워지게 하셨고
그것을 듣고 받아들이며 동작을 하는 그들 속에도 동일하게 마음을
뜨겁게 하셨다. 마무리 기도할 때 함께 주님의 십자가 앞에 울며 기
도하였고 우리 모두 손을 잡고 안아 주며 뜨거운 그리스도의 사랑을
고백했다. 이 후에 선교사님으로부터 연락이 왔다. 사순절 때 이 드
라마를 통하여 집회에 참석한 모든 이들이 은혜를 받았고 그 후 집
회에 큰 부흥이 왔노라고 감사하다는 말씀을 전해 왔다. 그 집회 이
후 뮤지컬식의 드라마 전담 팀이 생겨났다는 소식도 함께 전해 오셨
다.

선교단은 이후 다시 초청을 받아 몇 개월이 채 지나지 않아 다
시 그 사역지로 가게 되었다.

그때 나는 "예수 나의 예수"라는 중국곡의 안무를 요청 받았었

는데 그 곡을 처음 듣는 순간 온 몸에 전율이 느껴지며 계속 묵상으로 들어갔다.

'하나님 어떻게 해야 할까요? 주님 앞에서 어떻게 갈망하며 주님을 경배한다고 고백할까요? 주님은 나의 영혼의 치유자라고 예수님! 예수님! 이라 어떻게 외쳐 부를까요?"

나는 성령님께 도움을 요청했다. 며칠이 지난 후 가까운 공원에 저녁 운동을 나갔을 때였다.

음악을 들으며 공원을 열심히 걷고 있는데 머릿속에 잠깐 환상이 지나갔다.

예수! 오! 예수 내 영혼 깊은 곳에서 사모합니다.
예수! 오! 예수 당신은 나의 마음 깊은 곳을 치료합니다.

무대 앞에서 찬양 팀 모두가 후렴구의 워십을 따라하다가 십자가 앞에 모두 무릎 꿇어 엎드려 경배하는 장면이었다. 그 장면이 머릿속에 스쳐 지나가면서 이런 마음과 생각이 들었다.

'입술로만이 아닌 악기로 연주하던 사람이나 뒤의 스태프나 할 것 없이 다 같이 동작을 따라하면서 몸으로 경배하게 해야겠다. 큰 은혜를 주실 것 같아.'

그런 확신이 들었고 신이 났다. 마지막 후렴구 동작을 다 같이 할 수 있도록 쉽게 만들었다. 그리고 우리는 중국으로 건너갔다. 두 번째 방문했을 때 경배와 찬양 팀은 놀랍게 부흥되고 발전해 있었다. 1진과 2진으로 나누어 제자 훈련까지 하고 있었다. 전체 50명의 스태프와 함께 천오백 명 정도가 모일 수 있는 극장에서 우리는 함께 연습에 들어갔다.

"예수 나의 예수"를 맞추어 볼 때였다. 선교사님께 여기 있는 모두가 워십댄스를 따라 할 것을 요청했다. 선교사님은 중국인들은 입식 생활을 하기 때문에 무릎 꿇게 하는 것이 어렵고 또 악기 연주를 하던 사람까지 모두 한다는 것이 어렵지 않은가 하고 난처해 하시더니 조금 후에 바로 내 의견에 따라 주셨다. 무대 아래에 있던 2진들도 그 시간에 무대로 다 같이 올라와 같이 하기로 했다. 집회가 시작되고 설교 순서가 지난 후, 우리는 이 찬양을 주님께 드리기 시작했다. 그리고 무대 위에 50명 정도의 모든 사람이 십자가를 향해 무릎 꿇고 경배하기 시작했다. 찬양이 끝난 후에도 그들은 일어날 생각을 하지 않았다. 그대로 엎드려 통성으로 울면서 기도하기 시작했다. 객석에 있던 집회의 모든 성도들도 함께 뜨겁게 기도하기 시작했다. 내게 환상으로 보여 주셨던 그 장면이었다.

'하나님께서 원하셨던 것이 이것이었군요.'
우리는 모두 뜨거운 눈물이 흘렀다.

3. 현지 선교사의 필요에 초점을 맞추어라

"사도들이 큰 권능으로 주 예수의 부활을 증언하니 무리가 큰 은혜를 받아 그중에 가난한 사람이 없으니 이는 밭과 집 있는 자는 팔아 그 판 것의 값을 가져다가 사도들의 발 앞에 두매 그들이 각 사람의 필요를 따라 나누어 줌이라." (행 4:33~35)

현지에 계신 선교사님과 사역에 대한 첫 대화를 나눌 때 하는 이야기는 이렇다.

"저희가 무엇을 도와 드리면 될까요? 무엇을 준비하면 되죠?"

이렇게 여쭈면 선교사님은 대부분 이렇게 대답하신다.

"그러면 여기서는 무엇을 준비해 드리면 됩니까?"

보통 선교지에는 현지 선교사님을 통해 들어가는 경우가 대부분이다. 또 현지인들과 직접 연결된다고 하여도 같은 입장에서 우리는 준비를 해야 된다고 생각한다.

현지인들의 문화를 제일 잘 알고 오랫동안 눈물과 땀으로 혼신의 힘을 다해 오신 선교사님의 이야기를 잘 듣고 사역에 조금이라도 도움이 될 수 있도록 준비해야 한다. 우리는 선교사님만큼 그 땅과 사람, 그리고 그들의 영적 상태를 모르기 때문이다.

앞서 이야기한 것처럼 중국에 갈 때는 보통 우리가 하는 공연 콘티를 준비해 가지 않았다. 선교사님이 요구하셨던 찬양곡을 안무하여 갔다. 현장에서 필요로 하는 부분을 채우려고 노력했다. 그때마다 생각나는 것은 선교사님이 안타까워하면서 하셨던 말씀이다.

"집회가 규모가 있기에 그쪽으로 오는 단기선교팀들이 잠깐이라도 집회에 한 번씩 서 보려고 섭외가 많다. 하지만 선교지의 상황과 상관없이 본인들이 준비한 것만 열심히 하고 간다."

하지만 선교사님은 그런 선교팀과는 확실히 다른 우리 선교단의 모습에 대해 감사하게 생각하셨다. 그런 우리의 노력은 선교사역의 또 다른 커다란 열매로 주님께서 우리에게 보여 주셨다. 다른 나라에서도 선교사님의 의견을 듣고 여쭌 후에 공연 및 필요한 것들을 준비하여 갔다.

우리가 할 수 있음과 할 수 없음은 그다지 중요하지 않다. 가장 중요한 것은 이 선교사역을 통해 이루고자 하시는 그 땅을 향한 하나님의 뜻이다.

필리핀의 오지로 사역을 갔을 때였다. 카톨릭과 이슬람교가 공존하는 마을이었다. 선교사님의 사역지인 이슬람 마을로 조심스럽게 따라 들어가면서 우리는 무슨 곡을 해야 될지를 여쭈어 보았다. 선교사님은 상황에 적합한 일들을 말씀해 주셨고 우리는 그렇게 했다. 아마도 거의 대부분의 비전 트립이나 단기 선교를 준비하시는 분들도 그렇게 생각하며 준비할 것이다.

워십댄스를 하기에는 정말 열악한 상황도 있었다. 어떻게 보면 도저히 할 수 없을 것 같은 환경 때문에 난감해 했던 적도 한두 번이 아니었다. 하지만 정말 어렵고 힘든 곳이라도 마다하지 않고 함께해 주는 그 자체로 선교사님들은 힘이 나고 기뻐하셨다.

이런 자세로 선교를 준비했을 때 주님은 큰 은혜도 맛보게 하셨다. 태국의 선교사님과 함께 동역하는 어느 젊은 선교사님과의 일이다. 그곳에서는 우리가 자유롭게 공연할 수 있었다. 저녁 뜨거운 은혜로 집회를 마무리하고 선교단은 의상을 갈아입고 뜨겁게 달아오른 열기를 식히며 잠깐 쉬고 있을 때였다. 누군가 노크를 하였다. 문을 열어 보니 여선교사님이었다. 쟁반에 맛있는 과일과 음료수를 잔뜩 담아 가지고 들어오시면서 이야기를 하셨다.

"저는 이곳에 선교사역을 지원하러 온 지 3년이 넘었습니다. 현지인들과 함께 늘 생활하고 예배를 드리기 때문에 한국어로 찬양하고 예배드리는 일은 가끔 단기선교팀이 오셨을 때나 가능합니다. 그러다 보니 언제부터인가 제 안에 영적인 메마름이 생기기 시작했습니다. 단기선교팀들과 같이 예배를 드려도 회복이 잘 되지 않았어요. 그런데 오늘 워십예배를 같이 드리며 주님께서 저의 목마름을

채워 주시고 다시 회복해 주셨어요. 정말 많은 은혜가 되었어요. 너무 감사해요.“

　눈이 빨갛게 충혈된 선교사님은 목이 메어 말씀하셨다. 녹초가 되었던 우리 모두에게 그 젊은 여선교사님의 말씀은 피곤을 한순간에 씻어 주었고, 주님께 함께 영광 돌리며, 축복하는 시간으로 자리를 아름답게 했다. 선교사님들이 회복되고 힘이 나면 그 선교지도 따라서 회복되고 부흥한다. 우리의 워십댄스로 위로자의 역할을 감당하게 하실 때가 있다.

　어떤 때는 선교팀에서 준비하기 어려운 부분이 요구될 때도 있을 것이다. 기도하며 믿음으로 선교사님의 사역을 지원하는 자세로 최선을 다해 본다면 주님께서 능히 감당하고도 남을 힘을 주실 것이다.

　“또 참으로 나와 멍에를 같이한 네게 구하노니 복음에 나와 함께 힘쓰던 저 여인들을 돕고 또한 글레멘드와 그 외에 나의 동역자들을 도우라. 그 이름들이 생명책에 있느니라.”(빌 4:3)

4. 그 땅의 영혼들을 사랑하는 법을 배우라

선교에 앞서 기도는 마땅히 우리가 해야 될 책임과 의무이다. 기도는 겸손이고, 우리가 하는 일의 가장 큰 일이다. 기도를 통해 하나님 아버지의 마음을 읽고 느낄 수 있다.

나는 대학교 2학년 때 선교에 비전을 갖게 되면서부터 중국 땅을 위해서 기도해 왔던 것 같다. 중어중문과에 가게 하신 이유가 그 때문이라고 생각해서였다. 의무적인 마음으로 밤마다 중국의 영혼들을 생각하며 열심히 기도했다. 후에 중국을 제자 삼아 다른 나라보다 더 훈련하며 집중하여 섬길 수 있게 하실 줄은 그때는 전혀 몰랐다. 그리고 본격적으로 워십댄스 사역을 시작하면서 모든 열방의 영혼들을 그리며 춤을 만들고 추어 왔던 것 같다.

"아버지! 세계를 돌아다니며 몸의 언어로 복음을 전하게 해 주세요."

이렇게 기도할 때마다 주님은 내게 세계의 수많은 영혼들을 향한 뜨거운 마음을 부어 주셨기 때문이다.

방송 매체를 통해 세계 이곳저곳의 소식을 접해 보고 들을 때면 나도 모르게 주님께 기도한다.

"아버지! 저곳에도 가서 춤출 수 있게 해 주세요."

얼마 전 "회복"이라는 이스라엘에 관한 다큐멘터리 영화를 보면서, 거기에 끝 장면으로 예루살렘 성 위에서 '메시아닉 쥬(Messianic Jew)'라고 불리는 기독교 이스라엘 사람들이 춤을 추며 찬양하는 것을 보면서 기도했다.

'저희 선교단도 저들과 함께 춤추며 주님을 선포하게 해 주세요.'

선교를 나가기 전에 단원들과 함께 앞으로 만날 그 땅의 영혼들을 끌어안고 우리를 그곳에 보내시는 주님의 뜻과 그 곳 영혼을 향한 아버지의 마음은 어떤 것인지를 구하기 위해 기도하는 것은 너무나도 중요한 일이다. 그것은 선교사역에 임하는 모든 워십댄서들의 자세를 진지하게 바꾸는 일이다. 영과 마음을 새롭게 하고 현지에 가서 하나님께서 행하시는 일을 목도하고 고백하게 만드는 일이다.

"기도하여 이르되 여호와여 원하건대 그의 눈을 열어서 보게 하옵소서 하니 여호와께서 그 청년의 눈을 여시매 그가 보니 불말과 불병거가 산에 가득하여 엘리사를 둘렀더라."(왕하 6:17)

5. 선교지의 문화를 이해하고 접근법을 찾으라

　　　　　　　　　　　　　　　우리 선교단은 중국 찬
양 워십댄스를 중국전통의상인 '치파오'를 입고 찬양할 때가 종종 있
다. 이런 생각을 한 이유는 어떻게 하면 중국인들과 동질감을 가질
수 있을까 궁리한 끝에서였다.

　"선교하는 중국"이라는 중국인들이 좋아하는 찬양이 있다. 곡
의 후반에 중국기와 하얀 바탕에 가운데 빨간 십자가가 그려진 깃발
을 같이 들고나와 하는 안무가 있다. 깃발을 들고나올 때면 중국인
들이 굉장히 좋아한다. 곡을 안무할 때도 중국 전통춤과 색깔을 생
각하며 하였다. 직접 중국 전통무용을 접해 보지는 못했지만 여기
저기 찾아보기도 하고 머릿속에 중국 전통적인 냄새가 강한 그 곡
과 맞는 동작을 찾아보려고 노력했다. 그래서 그들의 문화로 접근하
고 함께 나누고 싶었다. 가사에 적합한 동작에 한해서 쿵푸 동작과
비슷한 안무를 넣어 보기도 하고, 중국인들이 볼 때 공감할 수 있을

중국 전통의상을 입고 드리는 중국 워십

만한 동작을 고려하여 안무를 생각했다. 그렇게 만든 워십댄스로 재한 중국인 교회에서 예배드릴 때는 우리를 중국인으로 착각하고 중국어로 물어보기도 하는 사람도 있었고 중국 춤을 배웠었냐고 묻는 이들도 있었다.

중국에 가게 되면 종종 소수민족 춤이나 중국 춤에 관계된 DVD를 사 온다. 그 외에 그들의 생활 방식, 사고, 현재의 정치적 상황 등 여러 가지를 관심 갖고 볼 필요가 있다. 나는 인도나 태국 등 자국 문화가 강한 나라에 선교를 또 가게 되면 전통 춤을 조금이라도 배워 그들과 공유할 수 있는 접촉점을 만들어 보고 싶다. 춤뿐만 아니라 다양한 그들의 문화를 알고 지혜롭게 접근한다면 더 효과적인 선교가 되지 않을까 싶다.

"대저 여호와는 지혜를 주시며 지식과 명철을 그 입에서 내심이며 그는 정직한 자를 위하여 완전한 지혜를 예비하시며 행실이 온전한 자에게 방패가 되시나니"(잠 2:6~7)

6. 워십드라마가 강력한 메시지를 줄 수 있다

선교지에 갈 때마다 메시지 전달에 있어서 가장 중요하게 생각하는 것이 드라마다. 그 형식이 어떻든 일단 언어가 다른 곳이라면 확실한 메시지를 드라마를 통해 심을 수 있다. 우리가 전하고자 하는 메시지가 아닌 주님께서 그들에게 전하시고자 하는 메시지 말이다.

물론 우리는 주님의 뜻을 전하는 통로가 된다. 태국에 두 번째로 가게 되었을 때였다. 연합으로 준비하는 것이 아니라 선교단 자체적으로 준비하는 선교였다. 현지에 선교사님과 첫 통화를 하면서 시간과 날짜가 확정되자 전화를 끊은 후 내 마음 가운데 우리가 만날 영혼들을 향한 뜨거운 복음의 열정이 끓어올랐다.

'이번엔 그들에게 어떻게 복음을 전해 볼까?'

나는 이전의 것이 아닌 새로운 것으로 그들과 만나고 싶었다.

'하나님! 어떻게 할까요?'

공연 사역의 하이라이트 워십 드라마

　　그때 생각난 것은 '사영리'를 드라마로 만들어 보라는 것이었다. 순식간에 천지창조부터 부활까지 일목요연하게 보여 줄 수 있는 드라마를 만들고 싶은 마음이 가득 찼다. 사실 작품을 준비해서 완성하기까지 시간은 별로 없었다. 그렇지만 시간과 환경과 상황보다 이번 선교사역에서 원하시는 하나님의 뜻을 수행하는 것이 더 중요하고 또 그렇게 하고 싶었다. 기대가 갔다. 부풀은 마음을 안고 음악을 만드는 작업부터 들어갔다. 음악을 만들어 새벽에 집에 돌아오던 차 안에서 음악에 감동되어 많이 울었던 기억이 난다. 날짜가 다가오도록 선교단은 거의 다른 레퍼토리는 준비를 못하고 드라마 연습에 집중했다. 태국 선교를 계기로 하나님은 그렇게 작품에 기름을

공연 사역의 하이라이트 워십 드라마

부어 사용하셨다.

　해외뿐 아니라 국내에서도 많은 이들에게 큰 은혜로 함께 하셨다. 드라마가 힘이 있다는 것보다 복음이기 때문이리라! "사영리"라는 작품 말고도 드라마식의 워십댄스는 효과적인 메시지를 강력히 줄 수 있다. 많은 사역 현장에서 경험했었다. 드라마식 말고도 앞으로 또 다른 콘텐츠를 구상할 수도 있을 것이다. 이렇듯 성경적인 메시지 전달에 좀 더 효과적인 여러 방법들을 구상하여 선교지에 나간다면 더 많은 이들을 주께로 인도할 수 있지 않을까?

7. 함께 춤추어라

                                                        중국 남부의 티베트 국경과 가까운 지역의 산으로 선교를 간 적이 있었다. 정말 높은 산 가운데 있는 교회들로 사역이 잡혀 있었다. 정말 힘든 일정이었다. 별로 등산을 좋아하지 않는데 십 년 동안 할 등산을 며칠 만에 다한 느낌이 들 정도였다. 하지만 그런 우리들을 잡아 일으켜 새롭게 찬양할 수 있게 만든 것은 첫 사역교회에서의 너무 귀한 은혜였다.

    그리 크지도 않은 작은 교회에 발 디딜 틈도 없이 꽉 들어찰 정도로 사람들이 몰려들었다. 선한 눈빛과 기대에 차고 수줍은 미소로 우리를 보고 있는 사람들을 보니 어느 때보다도 떨렸다. 어두운 불빛 아래 우리는 주님께 워십댄스를 드리기 시작했다. 드라마까지 끝나고 구원 초청 기도를 한 후, 이제 축제의 찬양을 함께 시작했다. 맨 처음 우리가 무엇을 하는 것인가 하는 의심의 눈초리로 보고 있던 마을의 부촌장이 나와 기쁘게 율동을 따라하기 시작하자 한 사람씩 나오더니 급기야 어른 아이 할 것 없이 일어나 함께 춤추기 시작했다. 우리가 찬양할 때 소품으로 쓰던 중국기와 복음기를 가져와 흔들며 너나 할 것 없이 기쁨으로 어깨동무하며 뛰기 시작했다.

불빛도 어둡고 좁은 곳인데 많은 사람들이 어떻게 함께 원을 그리며 춤을 추었는지 지금 생각해도 잘 모르겠다. 그때 한국 선교사님 내외분도 이런 경험은 처음이라고 하시면서 너무 기뻐하셨다.

기쁨의 영이 그들을 움직였다. 한 번도 예배 안에서 주님으로 인한 기쁨을 표현해 보지 않았던 그들에게 주님께서 우리를 보내시더니 구원의 기쁨을 어린 아이처럼 천진난만하게 표현하게 해 주신 것이다. 너무 기뻐하는 그들의 모습이 아직도 눈에 선하다. 특별한 일이 별로 생길 것 같지 않은 어느 작은 교회에서 우리는 주님께서 주신 찬양의 기쁨으로 축제를 열었다.

우리 선교단의 사역 프로그램 중 보고 느끼는 공연에서 더 나아가 체험하게 하고 함께 누리는 이런 사역을 꼭 빼놓지 않고 하고 있다. 이것은 너무 중요하다. 듣고 보고 느낀 것을 이제 자신의 실질적인 고백과 결단으로 이끌어 낼 수 있는 훌륭한 기회가 되기 때문이다. 이런 일은 국내에서도 마찬가지이다.

필리핀에서 신학교 사역을 갔을 때였다. 아주 전통이 있어 보이는 신학교였다. 많은 신학생이 모였고 함께 귀한 예배를 드렸다. 그때도 마찬가지로 마지막으로 함께 율동하며 춤추는 순서를 진행하고 있던 중이었다. 맨 끝에 서서 찬양하는 어느 멋진 신사분이 내 눈에 들어왔다. 아마도 학교에 관계된 분이라면 교수님쯤 되겠다 싶

었다. 그분에게 앞으로 나오셔서 함께 찬양할 것을 권유했다. 그분은 처음엔 멋쩍어 하더니 곧 앞으로 나와서 함께 기쁘게 찬양을 했다. 그 신사분이 앞으로 나오는 것을 보는 순간 모든 신학생들이 갑자기 환호성을 지르며 박수를 치기 시작했다. 우리는 왜 그렇게까지 사람들이 환호성을 지르는지 의아해했다. 예배가 다 마친 후 선교사님은 아까 그 분이 신학교 학장이시라며 소개했다. 우리 모두는 깜짝 놀랐다. 나는 죄송스러운 표정으로 인사를 드렸다.

사역 후 집으로 돌아올 때 선교사님은 그 신학교가 아주 보수적인 신학교이며 예배당 안에서 강대상을 치워 놓고 워십댄스를 했다는 것도 기적인데 학장까지 함께 춤을 추며 찬양했다는 것은 더 큰 기적이라고 하셨다. 자신은 함께 일어나 율동할 때부터 학교측에서 중간에 그만두라고 하면 어쩌나 하며 마음이 두근거렸다고 말씀

필리핀 잠보앙가 이슬람 마을 사역

하셨다.

　　함께 춤추며 예배하는 경험이 그냥 순간 한번으로 끝나는 경험으로 남을지, 그 후에 주님께서 어떻게 그들 가운데 열매로 맺게 하시는지 나는 모른다. 주님께서 일하셨고 일하실 것이기 때문이다. 단지 워십댄서로서, 워십댄스 전도사로서, 워십댄스 선교사로서 우리에게 말씀하신 그 일을 최선을 다해 실행하는 것이 전부이다.

　　"여호와의 궤를 멘 사람들이 여섯 걸음을 가매 다윗이 소와 살진 송아지로 제사를 드리고 다윗이 여호와 앞에서 힘을 다하여 춤을 추는데 그 때에 다윗이 베 에봇을 입었더라. 다윗과 온 이스라엘 족속이 즐거이 환호하며 나팔을 불고 여호와의 궤를 메어오니라."(삼하 6:13~15)

8. 영적 싸움에 민감하게 대처하라

선교를 준비하는 모든 분들이 그렇듯이 영적 싸움에 기도로 준비하고 기간 내내 민감하게 깨어 있으려고 많은 노력을 할 것이다. 워십댄스가 몸을 사용하는 예배인 만큼 영적인 육적인 준비를 해야 한다. 선교지에 떠나기 전에 건강을 더 조심하고 가서도 건강을 해치지 않도록 유의해야 한다. 나는 선교지에서 건강을 잘 지킬 수 있는 방법 중 제일 강력한 것은 기도라고 생각한다.

선교 단원 중에 평상시에 몸이 참 약한 친구가 있었다. 그 친구는 너무 자주 아파서 나머지 단원들은 그 친구가 연습에 참여하려고 문을 들어오는 순간 몸 상태를 알아 버릴 정도였다. 그럼에도 불구하고 그 친구는 참 밝았다. 하지만 그 친구의 평상시 건강은 선교지에 함께 갈 경우 모두를 긴장 시키기에 충분했었다. 우리는 선교를 준비하면서 그 친구의 건강을 위해 간절히 기도했다. 또 나는 선교지에 가서도 계속 주시하며 그 친구의 건강을 세밀하게 체크했다.

선교 기간 내내 그 친구가 한 번도 아프지도 않고 오히려 아무 음식이나 잘 먹고 소화하는 것을 보고 주님께서 기도에 응답하셨구나 하며 주님께 영광을 돌렸다. 선교 기간 중 밤새 단원이 아플 때면 영적으로 긴장하며 같이 밤을 새워 기도해 주며 회복되기를 기다렸던 경험이 정말 많다. 중요한 사역 일정을 앞에 두고 그런 일이 벌어질 때면 더더욱 영적 싸움임을 선포하고 기도에 들어간다.

한번은 나도 다리를 다쳐 온전히 다 낳지 못한 채 연합팀을 이끌고 선교를 나간 적이 있었다. 그런데 그래도 별 문제없이 잘 쓰던 다리에 갑자기 사역하는 날 몇 시간 전부터 이상이 오기 시작했다. 맘속 깊이 주님께 화살기도를 드리며 사단을 향하여 대적 기도를 시작했다.

두려움이 밀려오고 영적 싸움이 치열하게 시작되었다. 함께 동역했던 몇몇의 리더들에게만 그 사실을 알리고 중보기도를 요청했다. 사역을 본격적으로 시작하기 전, 뜨겁게 찬양하며 통성기도와 함께 마무리 기도를 다하고 난 다음이었다. 갑자기 다리에 통증이 없어지는 것이었다. 신기했다. '아멘'이라고 하는 동시에 일이 일어났다. 사역을 마치고 다음 사역지로 옮기는 버스 안에서 나는 이 일을 모두에게 간증하고 하나님께 영광을 돌렸다.

단지 건강뿐 아니라 우리의 영적 싸움은 같은 팀원 간의 관계를 통해 역사한다. 또 팀이 아니라 현지에서 만나게 되는 사람과의 마찰이나 그 밖의 여러 외부적인 요소를 통해 파고들 수 있다. 한마음이 되어 한 몸처럼 춤을 추어야 하기 때문에 팀원 간의 화합과

끈끈한 사랑으로 맺어진 관계는 너무 중요하다. 특히 선교지에 나가서 겪을 수 있는 작은 실수까지도 용납하고 포용할 수 있는 마음가짐이 더욱더 필요하다.

"시험에 들지 않게 깨어 기도하라 마음에는 원이로되 육신이 약하도다 하시고"(마 26:41)

이슬람 마을 아이들과 함께

9. 선포자로서의 사명을 가지라

"그의 영광을 백성들 가운데에, 그의 기이한 행적을 만민 가운데에 선포할지어다."(시 96:3)

인도네시아의 발리 섬을 방문한 적이 있다. 그곳은 사역을 생각할 수 없을 정도로 힌두교 우상이 난무한 곳이었고 교회는 눈뜨고 볼 수 없는 그런 곳이었다. 사람들은 꽃을 뿌리며 곳곳마다 있는 우상 앞에 연신 절을 하고 있었다. 그때는 정말 기독교인라고 절대 입밖에 내면 안 되는 복음의 황무지였다. 십여 년이 지난 지금은 또 어떻게 변했을지 모르겠다. 선교사님이 들려주신 현지의 영적 상황 이야기는 우리들로 하여금 그 땅을 향한 하나님 아버지의 안타까운 심정으로 기도하게 했다. 만 하루 정도를 있다가 떠나기 전날, 밤비가 오는 가운데 우리 모두는 호텔을 빠져나와 어두컴컴해진 바다의

모래사장에서 워십댄스로 찬양을 하기 시작했다. 그냥 그 땅을 떠날 수가 없었다. 그 땅을 향한 하나님의 왕 되심과 다스리심을 그리고 굴복하고 주께 돌아올 것을 선포했다.

그 때 "로마서 16장 19절"이라는 찬양을 정말 힘차게 드렸다. 이 찬양의 가사에 이런 구절이 나온다.

선한 데는 지혜롭고 악한 데는 미련하라
평강의 하나님 속히 사단을 너희 발아래 상하게 하리

발로 쾅쾅 밟으면서 우리는 그 땅을 묶고 있는 사단의 세력을 향해 예수 이름으로 선포했다. 이 땅이 하나님의 땅임을, 속히 떠나갈 것을 명했다. 주님만이 이 땅의 주인임을 선포했다. 비를 맞는

데도 온 몸에 땀이 날 정도로 우리는 그렇게 열심히 춤을 추었다. 찬양을 하면 할수록 우리는 더 힘차게 찬양했다. 길을 가던 독일인 부부가 우리가 무엇을 하는지 물어보고 자기도 그리스도인이라고 하면서 함께 찬양했다. 그리고 우리는 하늘을 향해 손을 들고 기도했다. 나는 그때의 기억을 잊을 수가 없다. 함께했던 단원들도 그럴 것이다.

우리는 후에 일본, 태국, 중국 등 방문하는 선교지마다 떠나기 전날 밤이면 함께 모여 그렇게 선포했다.

중국에서 크리스마스를 맞이했던 적이 있었다. 주인공이신 예수님은 없고 시내의 큰 광장에는 많은 사람들이 자기네끼리의 기분만 만끽하고 있었다. 사람들의 무지함에 화가 났다.

'서양 문화를 받아들일 때는 그게 적어도 무슨 의미인 줄은 알아야 될 것 아냐? 뭐 이래?'

거리에는 노엘 찬송가도 캐럴에 묻혀 나오긴 했지만 그들은 그것이 무엇을 뜻하는지 몰랐다. 우리는 교회에 가는 것을 포기하고 광장 한복판에서 우리끼리 손잡고 한국말로 찬양을 불렀다.

주 여호와는 광대하시도다
그 거룩한 하나님 성에서 찬양할지어다
주 승리 우리에게 주셨도다 엎드려 절하세
 고요한 밤 거룩한 밤 이스라엘 왕이 나셨도다

상상할 수 없는 사람들이 쏟아져 나와 광장은 혼잡했고 질서를 잡기 위해 공안도 많이 나와 있었다. 우리는 조심스럽게 그 자리에서 세상의 구세주로 오신 아기 예수님을 찬양하며 경배했다. 그리고 그 땅 위에, 그 자리의 모든 영혼들을 향해 또 선포했다.

"너희는 가만히 있어 주가 하나님 됨 알지어다. 열방과 세계 가운데 주가 높임을 받으리라."

비전 트립을 가면서 여러분들도 많은 체험이 있으리라 믿는다.

"전능하신 나의 주 하나님은"이라는 곡으로 찬양을 시작할 때가 있다. 국내뿐 아니라 어느 나라라고 할 것 없이 본격적인 사역을 시작하기 전에 우리가 밟고 서 있는 땅과 워십댄서 나 자신에게 불가능한 것들을 가능하게 하시고 죽은 자를 일으키시는 전능하시고 신실하신 주님을 미리 선포하기 원해서다.

입술뿐 아니라 춤을 추며 나갈 때 더 힘이 넘친다. 온몸으로 부르짖는 찬양의 선포는 하나님의 피조물이자 하나님의 사랑의 대상이요 세상의 소망과 생명과 구원은 오직 예수밖에 없음을 인정하는 일일뿐더러 그 예수님을 더 깊이 알게 해 준다.

10. 춤보다 가슴으로 먼저 영혼들을 만나라

오지로 선교를 갔을 때, 이런 곳에서 만나게 된 영혼들이 참 귀하고 소중하게 다가왔다.

사역을 마치고 선교사님의 기도를 받기 위해 많은 사람들이 돌아가지 않고 줄을 서서 기다리고 있었다. 그러던 중에 내 옆에 정말 여리고 연약해 보이는 작은 체구의 여자분이 너무 작은 어린 아이를 데리고 앉아있었다. 나이를 물어보니 열일곱 살이고, 그 소녀가 안은 작은 아기는 딸이었다. 7개월이라고 했지만 정말 작은 아기였다. 아기가 아파서 소녀엄마는 걱정이 가득한 얼굴로 기도 받기를 기다리고 있었다. 아기에 대해 애틋한 모정을 가진 그 어린 소녀엄마가 내 눈에 들어왔다. 나는 걱정 말라고 등을 두드려주고 아기를 품에 꼭 안았다. 아이는 낯설었는지 엄마에게 가려고 했지만 나는 꼭 안고 기도해 주었다.

'모양새가 다르고 언어만 다를 뿐이지 사람 사는 세상이 이렇게

같은데…. 내 안에 우월감이나 교만함이 있지 않았나.'

회개도 되면서 사랑의 마음으로 정말 축복을 해 주었다. 두 모녀가 정말 세상 끝까지 예수님 잘 믿기를 간절히 바랐다. '나는 인애를 원하고 제사를 원치 않는다'라는 주님 말씀을 새겨본다. 혹 내가 기능으로 그들 앞에 서 있는 것은 아닌지, 무엇을 해야만 하기 위해 그들 앞에 서 있는 것은 아닌지, 그들의 고통이 내 안에 들어오고 그들의 상처가 내 안에 들어와야 하는데 나는 그것과 상관없이 내 감정에만 충실히 서 있는 것은 아닌지 돌이켜 본다.

필리핀에서 이슬람 사람들을 만났을 때가 생각난다. 멀리서 걸어서 오는 사람들을 기다리는 시간에 모여 있는 몇 십 명의 어린 아이들과 함께 춤추며 시간을 보냈었다. 얼마나 예쁘고 귀여운 아이들이었는지, 뒤에서는 아이들의 엄마와 마을 아주머니들은 경계의 눈초리로 우리를 바라보고 있었다. 우리는 아이들과 실컷 놀아 주고 사역이 끝난 후에 그들에게 막대 사탕을 한 개씩 나누어 주었다.

"Jesus loves you!"

말을 건네며 사랑의 눈빛으로 그들의 손을 잡아 주며 사탕을 건네주었다. 아이들은 물론 마을 여자 주민들은 부드럽게 인사하며 받아 주었다.

"아버지! 내가 오늘 본 이 분들 천국에서도 또 만나게 해 주세요. 한 분도 빠짐없이 꼭이요!"

"주 여호와의 영이 내게 내리셨으니 이는 여호와께서 내게 기름을 부으사 가난한 자에게 아름다운 소식을 전하게 하려 하심이라. 나를 보내사 마음이 상한 자를 고치며 포로 된 자에게 자유를, 갇힌 자에게 놓임을 선포하며 여호와의 은혜의 해와 우리 하나님의 보복의 날을 선포하여 모든 슬픈 자를 위로하되 무릇 시온에서 슬퍼하는 자에게 화관을 주어 그 재를 대신하며 기쁨의 기름으로 그 슬픔을 대신하며 찬송의 옷으로 그 근심을 대신하시고 그들이 의의 나무 곧 여호와께서 심으신 그 영광을 나타낼 자라 일컬음을 받게 하려 하심이니라." (사 61:1~3)

11. 이름도 없이 빛도 없이 하라

"헬라인이나 야만인이나 지혜 있는 자나 어리석은 자에게 다 내가 빚진 자라. 그러므로 나는 할 수 있는 대로 로마에 있는 너희에게도 복음 전하기를 원하노라. 내가 복음을 부끄러워하지 아니하노니 이 복음은 모든 믿는 자에게 구원을 주시는 하나님의 능력이 됨이라. 먼저는 유대인에게요 그리고 헬라인에게로다."(롬 1:14~16)

선교지에서는 그 어떤 이름도 필요가 없다. 단지 예수 이름만 있을 뿐이다. 우리가 그리스도의 사랑으로 진심으로 그들을 대하고 헌신하는 모습에서 그들을 우리를 기도로 기억한다.

4일 동안의 워십세미나를 마치고 작지만 정성스레 준비한 선물들을 나누어 주고 자리에 앉았다. 신학교 원장 목사님이 나와서 우리에게 인사말을 하기 시작했다. 나는 그 말들의 전부를 통역으로 잘 전해들을 수는 없었다. 여목사님이 울먹이며 했던 말 중에 통역을 해 주셨던 전도사님이 이 말을 꼭 전해 주셨다.

"선생님들이 가르쳐 준 이 찬양을 하는 곳곳마다 선생님들을 기억할 것이고, 또 선생님들을 위해 기도할 것입니다! 진심으로 감사의 마음을 전합니다."

하나님은 우리를 기도로 그들과 만나게 하시고 사랑의 빚진 자로 또 다른 사람들을 만나 그들에게도 우리가 나누었던 귀한 사랑을 나누게 하실 것이다. 우리가 그리스도의 십자가 뒤로 온전히 숨을 때 주님이 자신을 온전히 드러내시며 뜻 가운데 영광 중에 임하시게 된다. 우리가 받을 면류관은 하늘에 있다. 찬란한 영광 중에 주님을 만나게 될 때 예비된 상급을 우리는 온전히 받게 될 것이다.

저 하늘에 우리 소망이 있다면 이 세상에서 이름도 없이 값도 없이 거져 받은 주의 사랑을 나누는 일들이 쉬워지리라.

"내가 선한 싸움을 싸우고 나의 달려갈 길을 마치고 믿음을 지켰으니 이제 후로는 나를 위하여 의의 면류관이 예비되었으므로 주곧 의로우신 재판장이 그 날에 내게 주실 것이며 내게만 아니라 주의 나타나심을 사모하는 모든 자에게도니라." (딤후 4:7~8)

12. 제자화의 비전을 가지고 도전하라

"보라 내가 그를 만민에게 증인으로 세웠고 만민의 인도자와 명령자로 삼았나니 보라 네가 알지 못하는 나라를 네가 부를 것이며 너를 알지 못하는 나라가 네게로 달려올 것은 여호와 네 하나님 곧 이스라엘의 거룩하신 이로 말미암음이니라. 이는 그가 너를 영화롭게 하였느니라." (사 55:4~5)

주님은 열두 제자를 통하여 하나님 나라를 전파하게 하셨다. 왜 그렇게 소수의 사람들이었을까? 그렇게 인내하고 기다리며 사랑하던 제자가 자신을 배신했을 때도 용서하시며 한없는 긍휼로 감싸 주시며 오히려 더 큰 지상명령의 과업을 내려 주셨을까? 뭐가 예뻤을까?

15년 동안 선교단을 이끌어 오면서 선교 단원들과 동고동락하면서 주님께서 제자 삼으셨던 모습을 정말로 많이 생각해 보았다.

'어떻게 하면 주님처럼 그렇게 할 수 있을까? 나는 이게 너무 어려운데 주님은 어떻게 견딜 수 있었을까? 그때 심정은 어떠셨을까? 주님! 저는 안 되겠어요. 못하겠어요. 더 이상 사랑할 수 없어요. 기다리지 못하겠어요…….'

그러다가 단원들을 주님의 제자가 아닌 내 제자로 삼으려고 했었음을 알게 되었다. 나부터 주님의 온전한 제자가 되지 않았고, 그런 철없는 내 모습을 주님은 인내와 사랑으로 기다려 주시고 용납해 주시고 충성되이 여겨 주님의 일까지 맡겨 주셨다. 이런 사실을 깨닫지 못하고 인정하지 않은 채로 주님께 투덜거리고 있었던 것이다.

정말 나부터 온전한 주님의 제자인가? 그리고 나는 현장에서 주님의 제자를 만들고 있는가?

부끄러움뿐이었다. 먼저 내 모습을 돌아보기보다 남의 모습만 탓하고 불평하며 주님의 마음을 아프게 했던 모습뿐이었다. 내가 먼저 주님의 온전한 제자로 서고, 또 다른 이들도 주님의 온전한 제자가 될 수 있도록 세워 주는 일을 해야 함을 뒤늦게 깨달은 것이다.

이사야 55장의 말씀처럼 주님은 나를 만민에게 증인으로 세우시고 인도자와 명령자로 삼으셨다고 하셨다. 이런 부끄럽기만 한 나를 주님은 주님의 위대한 과업에 막중한 책임자로 삼아 주셨다. 그런 위대한 과업을 이루기 위해 우리는 모든 나라와 민족을 제자로 삼는 소명을 최선을 다해야 한다. 멈추지 말아야 한다. 증인으로서, 인도자로서 우리에게 부탁하신 이 일에 생명을 다해야 한다.

우선 우리 선교단은 많은 나라 중 중국을 제자 삼는 일에 착수

했다. 그리고 하나씩 하나씩 늘려 나갈 것이다. 기도로 구체화 시킬 방법을 간구하고 헌신을 다 할 수 있게 준비하고 노력하고 있다. 우리에게 워십댄스라는 도구로 하나님 나라를 전파하는 놀라운 은혜를 입게 하신 주님의 사랑에 언제나 감사하고 감격하며 그 일에 매진할 수 있기를 간절히 기도한다. 우리 모두가 위대하신 하나님의 꿈을 같이 꾸며 그 하나님의 꿈이 이루어지는 날까지 함께 행진할 수 있기 간절히 사모한다!